U0082640

減法理財術 人生大加分

施昇輝

投資更簡單，人生更樂活

◎ 邱沁宜｜財經作家、主持人

聽到樂活大叔又要出書了，實在讓我太佩服了，那八字不是祕密的密碼，可以寫了又寫成為暢銷作家，這回更是大集合變成暖心嘉言錄，絕對已是前無古人的境界！

這代表有太多人需要也渴望跟上樂活大叔的腳步，而且必須一再地鞭策提醒自己，讓投資變得更簡單，人生就能變得更樂活！的確在這個資訊爆炸的世代，減法比加法更難，簡單比複雜更不容易；而股海操作，往往唯有逆著人性走才能心安賺錢，人生、投資都得要有必要的斷捨離，才能真正樂活。

這些，樂活大叔都不斷地在實踐著，他放下很多，但得到更多樂活的旅程，也不斷用各種方式傳播出來。

對於在財經媒體工作二十三年也投資二十年的我來說，很樂意看到樂活大叔不斷地出書，還本本暢銷，用各樣生活化、幽默比喻傳授理財可以很簡單。其實我的想法跟大叔也有滿多接近之處，我第一本書書名是《投資，越簡單越好賺》，2010年出版的書就花了兩篇內容在講ETF，只可惜推廣不力，沒有大叔的妙筆生花。所以看到他用各種方法在推廣ETF（其實也只有兩檔），竭力告訴大家投資這麼簡單就可以了，甚至近乎洗腦，現在連小抄本都問世了，實在深刻感受大叔的用心良苦。想要徹底落實簡單投資、樂活生活的投資人，建議一定要隨身攜帶早晚唸三遍。

「放棄選股吧」、「大不了套牢」、「傻傻存錢就買0056吧」、「買了就忘記它」……這些金句看似簡單，卻是大叔縱橫股海三十年後的心得結晶，而我更喜歡的是，大叔每次上節目的時候，

常常不管我怎麼問，他總笑咪咪地回答：「我不知道！」主持人我通常也很佛心地不再追問。先不論其他來賓會不會嫉妒大叔這通告費是不是太好領，面對未知的未來，許多的分析推敲對於個股操作、停利停損有其必要性，但真正的結論還是只有「天知道」。大叔總是立馬放棄掙扎誠實回答「我不知道」時，其實也給自己省了很多的時間和麻煩事。因為不知道，不用再猜測；因為不知道，不用傷腦筋投資該怎麼調整；因為不知道，空下來的時間就拿去樂活吧。

李小龍曾經說過：「我不怕練一萬種招式的人，我怕一招練一萬次的人。」如果你也嚮往像大叔一樣的樂活人生，如果你已經買了他之前的十本書，建議還是要好好看這一本，當你背滿一萬次，應該不只是大不了套牢，而是會永遠不怕套牢了。

樂活大叔目前在念電影系碩士在職專班，也很熱愛電影的財金宜最後也分享一部我很喜歡的

電影《一路玩到掛》（*The Bucket List*）。投資理財的目的是為了讓我們的生活更有品質，財富自由的目標也該是讓我們拿回人生的自主權，讓我們的心靈更富足自由，當你學會用簡單的方法存到的夠用的錢，重點就是如何豐富自己的人生。祝福所有的讀者都能夠一路樂活到掛！

股市就像大海的波浪，有風平浪靜，也有狂風暴雨的時候。我只是這大海中的小魚，時刻提心吊膽地生活著。在還沒有認識樂活大叔時，經常是沒有生活品質的，如今的我已經慢慢跳脫，轉變成為乘風破浪的小魚，享受樂活大叔的理財人生觀，帶來的樂趣。

——讀者｜丁冠傑

最喜歡樂活大叔的投資理財風格，尤其是在其他專家預測股市漲跌時，坦然說出「我不知道（笑）」特別帥氣。照老師的理念及遵守紀律，不用盯盤追高殺低也能穩穩賺！這種安心多難得！不用知道太多、沒太多煩惱才能樂活！

——讀者｜宋海澤

茫茫投資理財書海裸泳中，身被一道光透進四十幾年來因工作、家庭被撕開的裂縫，突然無惱了。無腦地同一式游了一萬遍終搭上了佛系郵

輪，收穫樂活方兩帖，其一紀律地照日K操作，另一買了忘光光。那就是──樂活方日光（編注：方日光為作者施昇輝早年筆名）。

──讀者｜約翰・培根

我覺得老師始終如一，我在個股賠錢後出清，照著老師的觀念在ETF賺到安心又不錯的報酬！老師帶給我的不只理財，我更欣賞他的精采人生！簡單投資、快樂生活！！很多人的投報率更高，但人生的總報酬可不一定贏過老師。

──讀者｜翁志勳

以前的我，每天追著股市數字跑，雖然好運賺了一點錢，但發現整天腦袋裡面全是數字與不安，生活品質與睡眠變得很差，但自從看了樂活大叔的書之後，「穩穩賺才能賺得長久」與「大不了套牢」這兩個觀念深深打動了我，所以我現在不但可以安穩睡覺，而且投資讓我覺得很快樂。

──讀者｜詹家榮

買股票真的可以永遠不賠錢

　　我在臉書經營一個粉絲專頁「樂活分享人生」，有幸受到很多網友的支持與肯定，非常感謝。每次貼文，總有些人留言表示，雖然我的投資方法很簡單，但就是喜歡看我的貼文，因為我常寫出了一些溫暖的話，可以鼓勵到他們、療癒到他們。

　　這幾年，我受邀演講不下數百場，這麼多經驗累積下來，為了演講的順利與節奏安排，我歸納出很多slogan，讓聽眾當場聽來特別有感，甚至有人會要求我再講一遍，好讓他們可以清楚抄下來。有一次，台下一個聽眾還說，她整理了很多我寫過的句子，然後放在隨身的手提袋裡，可以

不時拿出來看，感覺我就在身邊不斷地叮嚀，讓她投資時更有安全感。

從讀者和網友的回饋裡，就是我起心動念寫這本書的源頭。我決定將這麼多年來寫過、講過的句子整理出來，甚至請出版社設計較小的開本，可以方便大家隨身攜帶、隨時翻閱。

坊間有太多投資理財的相關書籍，有些太專業，像學校的教科書；有些賺太多，像電影情節很不真實。投資理財真的沒有那麼難，它絕對不是數學，反而比較接近哲學。從投資理財賺到大錢的人，當然有，但真的非常少數，過度吹噓他們的報酬率有多高，一來很難相信，二來很難複製。

我寫過很多本投資理財的書，但因為我沒有財經教授的學問，所以從不強調投資理論，我也沒有其他投資達人賺得多，所以也從不標榜投資報酬率，我只是想分享「安心」這兩個字。

我在書寫、演講的過程中，得到最大的成就感，就是有人告訴我，他以前從來都不敢買股票，但看了我的書之後，終於開始買了人生的第一張股票；也有人以前買股票賠了很多錢，甚至發誓再也不碰股票，但聽了我的演講之後，終於又敢買股票了，甚至很多人說我是唯一讓他們賺到錢的老師。

　　兩年多前，我又重返校園，現在正在念台藝大電影系碩士在職專班。因為老師和同學都知道我是投資達人，某次上課期間，便請我用三十分鐘的時間，在課堂上做個簡單的分享。沒想到年紀約在三、四十歲之間的老師和在場六個同學，統統沒有開過證券交易帳戶，那更不可能買過股票了。我才驚覺世界上確實有平行時空的存在。

　　很多人說，我永遠都在分享那兩支股票，而且投資方法始終如一，怎麼可以一直出書？我其實也常反問自己。不過，上面所述的課堂經驗告訴我，還是有非常多人不懂、害怕，甚至排斥

股票，而且或許從來沒想過理財與自己有關，更何況是找到適合自己的理財方式；也有太多的人仍在股海中載浮載沉，甚至經常在滅頂的邊緣，所以我仍然應該不斷地寫，讓他們總有一天會知道，買股票雖然會「套牢」，但真的可以「永遠不賠錢」！在這個低薪、高物價、壽命很長的時代，投資理財已經是不可迴避的人生重要課題。

或許你也和他們一樣，但我要恭喜你，你願意拿起這本書看，就已經踏出了第一步。

不論你是新手，還是老手；不論你是否讀過我其他本著作，或坊間的理財投資書籍，希望本書這些句子，能讓你在投資理財的路上，真正安定你的心。

目次

輯三

輯四

輯一

有準備的長壽是福氣，
沒有準備的長壽是詛咒

金句

有準備的長壽是福氣

沒有準備的長壽是詛咒

／ 理財是無可逃避的事情，就算你覺得它
俗不可耐，但這就是現實的人生。

／ 如果理財不趁早，可能最後的下場就是
「下流老人」。

每次我面對年輕朋友演講理財時，總是用這句話開場：

「恭喜大家，你們都有可能活到一百歲。」

有時會有人小小聲說：「我不想活到那麼老。」我總是笑著回答他：「這可由不得你。」接著，話鋒一轉：「但是大家有開始為活到一百歲做準備嗎？」

這時，我會引用狄更斯經典名作《雙城記》的著名開場白：

「這是一個最好的時代，也是一個最壞的時代。」

「最好的時代」是因為現在醫療發達，大家也都非常重視養生保健，所以一定會比以往的世代更長壽。

「最壞的時代」是因為人工智慧愈來愈成熟，很多人或許年紀輕輕就失業了，然後必須面對非

常漫長，卻沒有固定收入的歲月。

我們這一代被稱為「戰後嬰兒潮」（專指1945年～1965年）出生的人，因為當年大學錄取率不高，很多人二十歲就開始工作，然後幾乎都可以做到六十五歲退休，最後可能在八十歲往生。從二十歲到六十五歲，有四十五年的時間，可以為六十五歲到八十歲的十五年沒有收入的人生做準備。講到這裡，我會問全場的聽眾：「這樣有足夠的時間嗎？」

全場異口同聲，點頭如搗蒜：「夠！」

反觀這一代的年輕人，很多人都念到研究所畢業，然後二十五歲才進入職場，結果很可能五十歲就失去了工作，只有二十五年的時間，可以為五十歲活到一百歲的五十年沒有收入的人生做準備。講到這裡，我會問全場的聽眾：「這樣來得及嗎？」

這時，全場每次幾乎都是鴉雀無聲。大家都懂了，如果理財不趁早，可能最後的下場就是

「下流老人」。

理財是無可逃避的事情，就算你覺得它俗不可耐，但這就是現實的人生。各位一定聽過這句話：「有錢不是萬能，但沒錢萬萬不能。」不要逞強說沒錢也有沒錢度日的方法，但如果你真的活到一百歲，沒錢終究會把你擊垮。

還有很多人認為理財很難，所以乾脆直接放棄，但這其實都是被投資專家用高深的術語所恐嚇，被眼花撩亂的各式金融商品所綁架。慢慢往下看，你就知道理財也可以很簡單，甚至很無腦、很佛系。

你願意繼續看下去，就已經是踏出了理財的第一步。

演講的開場白講到此，準備進入真正的主題時，我總是用這句話做 ending：

「有準備的長壽是福氣，沒有準備的長壽是詛咒。」

金句

投資理財的路上

千萬不要相信任何人

/ 一定要自己判斷,絕不能盲目相信他人。

/ 找到一個可以相信他的「觀念」的專家,
  而不必完全相信他的每一次「判斷」。

有一次和一個背包客旅遊達人一起上電視談話節目，她提到她曾用非常克難的方式，去歐洲玩了三個月，只花了21萬元，但聽從銀行理財專員的建議，拿出100萬元投資基金，卻賠了28萬元。

　　她說早知道會賠28萬元，她還不如把這些錢拿來花在那趟歐洲旅行上，這樣就不必睡一晚只要500元台幣的小旅館了。她還說，情願自己投資賠錢，都比別人把你辛辛苦苦存下來的錢賠掉要好。

　　等她說完自己慘痛的經驗之後，我做了一個簡單的補充：「投資理財的路上，千萬不要相信任何人，即使是你爸，也不要相信。你爸應該不會騙你，但他也不一定是對的。」

　　我最怕聽到有人跟我說：「我跟某某某非常非常熟，所以他推薦我買什麼，我就買，結果賠得好慘。」很多人是因為相信好朋友「這個人」的人

品，所以就相信他「所講的每一句話」，但這種想法在投資理財上卻是最危險的。

我每次演講講到這裡，就會問台下的聽眾：「你們相信我嗎？」

大家都露出困惑的表情，心裡可能都是這樣想：「我們如果不相信你，怎麼會來聽你演講？」

等大家OS結束後，我才接著說：「請你們不要相信『我』這個人，而是希望你們相信『我的說法』。」

大家這才恍然大悟。投資理財的結果，不是賺，就是賠，當然是非常現實的。我們一定要自己判斷，絕不能盲目相信一個你自信他絕對不會騙你的人。雖然他們的建議應該是出於善意，但最後卻賠了錢，這時只有兩種可能，一是他們被人騙了，二是他們做了錯誤的判斷。

如果連與你最親的朋友和家人都不能相信，那該相信誰呢？該相信那些經常在媒體上發表意見的專家嗎？我希望大家不要因為他們的「專家身分」而相信所有他講的話，而是要自己去判斷他「發表的意見」是否正確。

專家有時候在A事件上的判斷是正確的，但不能保證他在B事件上的看法也是對的，所以在投資理財上，真的要「對事不對人」。

專家對每一件事的「判斷」不可能永遠都對，但他的「觀念」則應該比較有一致性，所以我希望大家要找到一個你可以相信他的「觀念」的專家，而不必完全相信他的每一次「判斷」。

股神巴菲特的觀念值得學習，但他的判斷也有錯誤的時候，不是嗎？

投資理財的路上，唯一能相信的人只有自己。

金句

現金為「亡」

／ 去銀行把定存解約吧！

／ 眞正重要的是一定要「賺到錢」，而且
　報酬率至少要打敗通貨膨脹率。

曾有一位知名的外商銀行總經理在他的回憶錄中，苦口婆心地勸年輕人：「把錢存在銀行，才是最好的投資。」但我卻完全不能苟同。他說這句話，是因為他太有錢了，有錢到可以讓通貨膨脹率慢慢侵蝕他的財富也無妨，所以當然可以堅信「現金為『王』」。

如果你的錢不多，聽他的話把錢存在銀行，就算是利率最高的定期存款，也會愈存愈窮，因為最後一定會被通貨膨脹率完全打掛，成了「現金為『亡』」。

在2020年新冠肺炎疫情全球蔓延，造成景氣崩壞、股市重挫下，全球只好拚命調降利率來挽救金融市場，終於讓台灣的銀行定存利率跌破了1%。台灣的銀行定存利率一般以臺灣銀行的利率為準，現在只剩下了0.815%。

接下來，我來做一個簡單的算術：

如果你在銀行存1萬元，一年後可以領到利息

81元，連一杯星巴克都喝不到！

如果你在銀行存10萬元，一年後可以領到利息815元，連一客飯店的buffet都吃不到！！

如果你在銀行存100萬元，一年後可以領到利息8,150元，連一晚五星級溫泉旅館都住不到！！！

如果看到以上的結果，你還會相信「把錢存在銀行，才是最好的投資」嗎？

利率一旦跌下去之後，幾乎就不可能再提高了。2008年爆發全球金融海嘯後，低利率已經成為常態，很多國家還出現負利率，也就是說你把錢存在銀行，不只沒有利息，還要付利息給銀行，因為它們保管了你的錢，你當然該付「保管費」。我相信台灣出現負利率，應該也是遲早的事。

我每次演講，一定會請有存定存的人舉手，

常常都有1/3以上的人舉手。我其實一點也不意外，甚至懷疑還有很多人沒有舉手。這是人性，因為存在銀行的「金額」絕對不會減少，但別忘了無法在存摺上出現的「實質購買力」卻是逐漸消失的。試問五年後的1萬元能買到的東西會和現在一樣多嗎？

我相信你一定知道「絕不可能一樣多」。

我小時候的漲價是「1元、2元」在漲，現在都是「5元、10元」在漲，所以現在的通貨膨脹率絕對是比以前更可怕的。

接著，我會提出一個非常直接了當的建議：「請大家明天請一個鐘頭的假，去銀行把定存解約。」

全場爆出如雷的笑聲，但這時，我話鋒一轉，接著說：「不過，不用全部解約。可以留下兩年生活費繼續存定存，以備生活上的緊急需求。」

我相信去解約的人一定少之又少，因為大家不知解約之後，該把錢放在哪裡才是安全的？

　　請千萬不要相信有任何地方是安全的。存錢面對物價上漲時，請問它真的安全嗎？

　　在如今低利率的環境，「不賠錢」已經不重要了，真正重要的是一定要「賺到錢」，而且報酬率至少要打敗通貨膨脹率。

　　賺錢當然伴隨風險，因此真正的重點，是如何控制風險在我們能承受的範圍之內。

金句

一分耕耘

不一定等於一分收穫

／ 股市漲跌，變數太多，沒有任何方法可
以保證賺錢，所以又何必窮盡洪荒之力
去學習呢？

／ 不用認真學習，但不要放棄賺錢的夢想。

近幾年，我接受過很多財經媒體的訪問。讓我印象最深刻的事，是很多年輕的記者其實都沒有買過股票，而且理由幾乎都一樣：「我爸爸／媽媽跟我說，絕對不可以碰股票！」但是他們在訪問完之後，卻都跟我說：「用你的方法真的很安全，為什麼我爸爸／媽媽常常把股票說得很可怕？」

我猜他們的父母可能跟我的年紀相仿，都曾經親眼目睹當年全民瘋股票、台灣錢淹腳目的盛況。1988 年，台股擺脫「郭婉容證所稅事件」無量下跌十九天的股災之後，就此一飛衝天，當時只要「隨便買，不要賣」，從股市要賺到錢，真的像喝水一樣簡單。

1990 年，台股最高來到 12,682 點，但不到一年時間，就重挫到 2,485 點，除非你能完全抽身、離開股市，否則沒有人能幸免於難。這是我們這一代人第一次在股市中大賠，不過我算幸運的，因為我當時把股票賺來的錢拿去買了房子，才能逃過一劫。

股市經過幾年的低迷後，電子股股價狂飆的年代來臨，大家又是一尾活龍，但好景不常，碰到2000年網路泡沫，所有人又再次摔了大筋斗，這一次我沒躲過。

　　緊接著，2003年發生SARS、2004年總統大選碰到「兩顆子彈事件」、2008年爆發全球金融海嘯，絕大多數的投資人在幾次股災洗禮後，其實都是小賺大賠，怪不得這些年輕記者的父母要再三告誡他們不可以碰股票。

　　我相信不只他們，很多年輕人也都聽過長輩類似的警告。我們這一代人很多都是很努力地鑽研各種投資股票的技巧，無論是個股基本面的研究，或是股價技術面的判讀，甚至比在求學階段還要更認真，結果呢？絕大多數的人都在股市賠大錢，因為在投資理財的路上，一分耕耘不一定等於一分收穫。

　　2008年離現在已經有點遠了，很多年輕人曾經享受過股市長達十一年的上漲行情，或許有些

人還有不錯的投資獲利，但2020年席捲全球的新冠肺炎疫情，終於讓大家上了一堂震撼教育課。所有自認為可以在股市賺錢的技巧，當時也是不堪一擊。

股市漲跌，變數太多，沒有任何方法可以保證賺錢，所以又何必窮盡洪荒之力去學習呢？就算真能找到獲勝機率較高的方法，但也永遠躲不掉不知何時會出現的重大利空，結果還是難逃虧損的宿命，所以再努力也是枉然。

因為一分耕耘不一定等於一分收穫，所以大家在投資理財上經常會感到焦慮。如果焦慮能保證賺錢，任何人都願意焦慮，但就是不能保證賺錢，所以我一向主張，要大家用簡單的方法來進行投資理財，這樣至少心情上就不會焦慮了。

媒體愛稱呼我是「佛系理財大師」，因為我知道一分耕耘不一定等於一分收穫，所以我希望大家「不用認真學習，但不要放棄賺錢的夢想」。

金句

理財歸理財，投資歸投資

／ 保費是拿來「賠」的，不是拿來「賺」的。

／ 儲蓄險是會嚴重排擠資金運用、投資績效
「事倍功半」的理財工具。

我曾經接受一家私立中學的邀請，去對一群即將直升高中部的國三畢業生演講，非常具有挑戰性。我花了兩小時，只是想和他們說明「理財不一定是投資」，希望他們在還沒有機會進行投資理財之前，就有一個正確的觀念。

其實很多成年人也不一定懂這個道理，因為或許大家認為「理財」和「投資」是同一件事情，那就大錯特錯了。「投資」的目的就是「賺錢」，而「理財」是「管理你的財產」，可以使用的工具非常多，但其中有些不一定是拿來賺錢的。如果你混為一談，有時結果是「事倍功半」，有時是「弄巧成拙」，有時甚至是「適得其反」。

很多人因為害怕股票漲跌導致賺賠的風險，所以就只敢買保險，以為保險這項理財工具是可以拿來賺錢的。針對這種誤解，我最愛用旅行平安險來舉例。

大家出國旅遊時，應該都會花幾百元來買旅平險，以防飛機萬一失事往生時，家人能夠得到

理賠。任何人都不可能想「賺」這些理賠金吧？這才是「保險」這項理財工具當初被設計出來的原始精神，也就是用一點點的錢，去對抗發生機率非常低的風險。

再者，很多人都有投保醫療意外險，但有人希望靠生病或發生意外，來把保費「賺」回來嗎？絕大多數人應該都希望自己健康平安，永遠都不要用到理賠吧？因此保費是拿來「賠」的，不是拿來「賺」的。

站在保險公司經營的角度，他們當然希望保費收得愈多愈好，所以就設計了很多與「投資」結合的保險，讓你以為可以賺錢，你就願意付高額的保費。

大家最愛買的儲蓄險，雖然真的有比銀行定存略高的報酬率，但必須持有至到期日，才能全部賺到保險公司答應給你的報酬；如果中途解約，反而會賠錢。這是一種會嚴重排擠資金運用、投

資績效「事倍功半」的理財工具。

投資型保單則是另一種很夯的保險商品，但你必須自己去慎選其所提供的基金，如果選錯了，可不一定會賺錢，甚至還可能倒賠，這種事情還真的發生過喔！

此外，還本險也讓很多人深感興趣，尤其是搭配醫療險來賣，但保費非常貴。假設二十年後把保費都還給你，但同樣的金額屆時卻因為通貨膨脹率的關係，已經買不到同樣數量的東西了。

以投資賺錢的目的來買這兩種保險商品，結果很可能是弄巧成拙。

接下來，大家可以先想想看，以下這些理財工具：房地產、黃金、外匯、債券、期貨、股票，哪些不是拿來賺錢的？哪些才是呢？

金句

工作是正餐，投資是附餐

／ 不該那麼早就放棄能對社會有所貢獻的
機會。

／ 就算投資有虧損，還有穩定的收入能彌
補，自然就不會因此而太過焦慮。

面對投資，有兩種截然不同的態度。一種非常積極，希望透過投資賺錢，就可以不再工作，早日享受財富自由；一種非常消極，因為覺得投資很難，又深怕賠錢，只能努力工作，然後省吃儉用存錢，或是活在當下，只要有小確幸就滿足。

這兩種態度都不對，我們不該追求「不再工作」，也不該「排斥投資」，而該在兩者間求得平衡。

一般企業不太喜歡規劃理財專家的講座給員工學習，因為他們怕專家會強調「只要用我的方法去投資，就可以不用再來上班了」。不過，我每次受邀企業演講時，都會一開始就希望員工不要對我有太高的期待，我總是這樣說：「我的方法不可能讓大家賺大錢，只能安心地賺，所以還是要努力工作，也請主辦單位放心，大家明天還是都會來上班。」

正是因為如此，國內最大的電子公司才會找我去演講，而且據說他們之前內部企業訓練課

程，從來都沒有找過談股票投資的專家。那場演講肯定是我迄今最感榮幸的一次邀約。

或許這和很多人聽投資講座的期望不同，因為大家都羨慕不必再工作的人生，而這也是很多理財專家的演講訴求。我常常一開始就澆大家冷水，甚至有次在大學校園演講，看到很多人舉手希望在三十歲前就財富自由，我還嚴肅勸他們「不該那麼早就放棄能對社會有所貢獻的機會」。

大家對這些陳義過高、冠冕堂皇的人生道理可能聽不下去，那麼我用最實際的風險程度來說明。「工作」是拿「時間」來賺錢，而「投資」則是拿「錢」來賺錢，試問哪一個風險高？

「時間」是「無價」的，當然寶貴，一旦失去，永難追回，不像「錢」失去了，還有賺回來的一天，但大部分人其實永遠賺不回來了。

「時間」又是「免費」的，因為失去了它，你的「有形資產」是不會消失的。「錢」則是「有價」的，

當它永遠消失後，你的「有形資產」當然會減損。

所以我認為「投資」的風險當然比「工作」高啦！

你不工作，時間照樣一分一秒流逝，所以拿它來賺錢，只有得、沒有失。有固定的工作，就有穩定的收入，自然可以讓你不會為生活的基本開銷而焦慮。這就是我所謂的「工作是正餐」。

因為工作而有了穩定的收入，就可以拿一部分的收入來做投資，讓自己累積財富的速度可以更快一點。就算投資有虧損，你還有穩定的收入能彌補，自然就不會因此而太過焦慮。這就是我所謂的「投資是附餐」。

有人到餐廳可以只點附餐，不點主餐嗎？當然不行。這就好像你認為「只要投資賺錢，就可以不用工作」那麼不切實際。

金句

投資不是數學模型

而是真實人生

/ 數學模型算出來的都是「過去的事實」，
但投資能否獲利的關鍵是「未來的展望」。

/ 每一個投資的決定，都是當下、瞬間的
事，沒有任何數學模型能100%正確來
協助你做決定。

很多人害怕投資，是因為投資理財的書或講座的內容裡面，有好多好多的圖表，上面密密麻麻又都是數字，看到頭都昏了。我聽過很多人說，他們不願面對投資的主要原因，居然是「我的數學最差」，或是「我看到數字就沒轍」。

所有商學相關科系最需要數學能力的就是財務金融系。有一次，我正巧聽到一個財經廣播節目，那位受邀上節目的財經系教授對我標榜的「無腦投資術」非常不以為然。他說：「如果無腦就能賺錢，那我們財經系統統都可以關門了。」

我對於他這句話也非常不以為然。財經系教授，或是財經系畢業的學生難道每個人都能在股市中賺到錢嗎？或是賺錢的機率比較高嗎？這顯然是不可能的事。「理論」和「實務」的差距是非常大的。

投資理財的書或講座最愛引用過去的數據，然後藉此推論出結果。我們最常看到的結論，就是「長期投資某某股票，年化報酬率有百分之多

少」，但這支股票未來還能維持這個報酬率嗎？如果沒有的話，是不是現在該賣掉，然後落袋為安？這樣就不會擔心未來的變數了，這就是「真實人生」。

萬一這支股票某一天突然發生重大利空，股價出現重挫，你究竟還會不會繼續相信「數學模型」算出來的報酬率？如果你相信，但該公司未來會不會從此業績與獲利都逐年衰退？這也是你在「真實人生」中必須考慮的事。

數學模型算出來的都是「過去的事實」，但投資能否獲利的關鍵，其實應該是「未來的展望」啊！

財經課程最愛用數學模型來推估未來發生的可能性，但裡面有太多的假設，甚至其中的一些因素必須先固定不變，才能導出結果。然而真實人生裡面，那些假設是正確的嗎？還有怎麼可能有不會變動的因素？

每一個投資的決定，都是當下、瞬間的事，沒有任何數學模型能100%正確來協助你做決定。所有決定的結果都必須事後才能驗證是對？還是錯？所以我書上或演講的內容，幾乎都沒有數學模型，一來不希望讓大家望而卻步，二來這些對大家做決定，其實也幫不上忙。

　　我四十年前念大學的時候，曾經選修過一門「投資學」的課。拿到教授指定自己的著作做為教科書後，看到上面好多好多的數學公式和模型，心想難道必須學會之後，投資才會賺錢嗎？當場很挫折，因為我數學真的不算好。

　　這時，有個同學舉手發問：「教授，所以你應該在股票投資上，賺了很多錢，對吧？」

　　教授冷冷地看著我們，回答道：「我就是投資沒賺到什麼錢，才來教書啊！真的有賺到錢，你們說，我還會來教書嗎？」

08

金句

投資是哲學，不是數學

/ 只有違反人性的人，才能賺到錢。

/ 如何克服人性，是「哲學」問題；克服人性之後的買賣結果，才是「數學」習題。

投資既然是真實人生，該學的當然是哲學，而不是數學。不過，大家常常認為「投資當然應該是數學」啊！

　　有一次，有個聽眾問我：「買股票，要怎樣賺價差？」這個問題乍聽之下，很好回答，就是「買低賣高」四個字而已。買進某支股票之後，等到價格上漲到比你當初買進的價格還高時，把它賣掉，就賺到錢了。這時只要用最簡單的減法，就可以算出你的獲利。這當然是一道「數學」習題。

　　數學習題會告訴你買進的價格和賣出的價格，你當然能算出正確答案。但是真實人生中，你要自己決定買進的價格，不過，能不能賺到錢？卻完全無法預知，因為在買進的當下，你根本無法確定價格未來是漲？還是跌？因此「什麼時候該買」，成了一道「哲學」問題。

　　賣掉之後，是賺？是賠？計算的結果當然是「數學」習題，但要不要等價格更高再賣？這樣

就可以賺更多，或是現在該不該認賠？因為以後再賣，可能賠更多？這又變成「哲學」問題了。

我用「買低賣高」來回答這個問題時，全場哄堂大笑，因為所有人都知道這個答案。我接著說：「你們都有這麼做嗎？我猜大家應該都是『追高殺低』，對不對？」全場又露出會心的微笑（其實是苦笑）。

「數學」說難很難，但至少有規則，所以真的懂了之後，其實就變得很簡單了；「哲學」看來簡單，因為沒什麼規則，但卻很不容易拿來應用，反而就變得很難了。

如果投資有規則可言，只要學會，每一個人都能賺到錢；就是因為沒有規則，所以不可能學會，也就不一定能賺到錢。

股神巴菲特的投資精髓，就是他最愛說的那句話：「別人恐懼時，我貪婪；別人貪婪時，我恐懼。」換句話說，就是大家一片看壞未來時，

他就進場買股票；大家一片看好未來時，他就賣股票、獲利出場。這種做法，完全違反人性，但只有違反人性的人，才能賺到錢。絕大多數的投資人都很難克服人性，所以都是以虧損收場。

如何克服人性，當然是「哲學」問題；克服人性之後的買賣結果，才是「數學」習題。

很多人說「投資其實是一門藝術」，也是同樣的道理。藝術很難學，必須要有天分，否則再怎麼學也學不來。一個沒有音感的人，應該很難學音樂吧？每個人的天分不同，能夠領悟的道理也不一樣，所以沒有任何投資方法適用任何人，而是每一個人要找到最適合自己的投資方法。

金句

人生沒有百分比

／ 在投資理財上，沒有機率問題，它只有「是」和「否」兩種答案。

／ 股市的走勢，不是漲，就是跌，真實人生是沒有百分比的，沒有中間的比例。

大家在念書的時候，數學課一定都上過「機率問題」。或許很多人當時都學得不好，但請放心，在投資理財上，沒有機率問題，它只有「是」和「否」兩種答案。如果投資不用做機率計算，是不是變得更簡單？因為丟銅板猜正反就好了。

曾有個投顧老師在接受訪問時說：「明天股市應該會上漲，但也不排除下跌的可能。」這不是廢話，什麼才叫廢話？但它卻是一句千真萬確的實話。

比較聰明的投顧老師不會這麼回答，他會說：「明天上漲的機率有70%，下跌的機率有30%。」你聽完之後，就認為明天會漲嗎？其實還是不知道會漲？還是會跌吧？所以這只是比較高明的廢話。

隔天股市的走勢，不是漲，就是跌，也就是真實人生是沒有百分比的，不是0，就是100，不可能有中間的比例。

如果你有親人即將動手術，醫生可能會跟你說：「這個手術很簡單，成功的機率高達95%。」這樣說，你就真的會放心嗎？應該不會，因為你親人的手術結果只有「成功」和「失敗」兩種，也就是說95%是醫生的比例，不是你親人的比例，他的比例不是100，就是0。

大家很容易在媒體上知道當天台股的大盤指數是多少，但它只能表達當天「市場平均」的漲跌情形，而不能表達「個別股票」的漲跌情形。一般來說，如果上漲的家數比下跌的家數多，當天大盤大概是上漲，如果兩者家數的差距很大，則上漲的幅度大概也會比較大，反之亦然。

不過，即使大盤上漲，還是有個股可能下跌。假設上漲家數占總家數的比例是60%，不漲不跌家數占10%，下跌家數占30%，但這是大盤的比例，而個股則只有三種結果：漲、跌，和平盤。

這就是大家認為股票投資很困難的地方，因

為就算大盤漲，你所挑的個股並不會保證一定漲。很多人窮盡心力、認真學習，就是希望能挑到一支股票，不管大盤漲或跌，它都會漲。

選股真的很難，一般人一來沒能力，二來沒時間，所以就到處去打聽會上漲的「明牌」，但它真的會漲嗎？

預測大盤的漲跌其實相對容易。以前我任職的證券公司的總經理告訴我，當他被記者要求預測隔天大盤的漲跌時，他看當天大盤如果是漲，就預測隔天會漲；若是跌，就預測隔天會跌，「猜中」的機會非常高。

如果有一種股票在大盤上漲時幾乎都上漲，是不是就可以讓投資變得很簡單？但這時當然不能期待會發生大盤下跌，它卻上漲的情形。這樣就不必再選股、再打聽明牌了。

真有這種股票嗎？有喔！

金句

「我不知道」

才是正確答案

／ 接受「我不知道」的這個事實，然後去因
應它。

／ 遵守「紀律」，「不知道」反而不會讓人猶
豫，可以果斷執行。

有一個經常邀我上節目的主持人在直播時，當著所有網友的面前對我說：「你是我見過講『我不知道』這四個字最理直氣壯的理財專家。」我聽完，跟她一起狂笑。

我立刻回答她：「因為我不是專家，所以就敢講『我不知道』，但專家就真的知道未來會怎樣嗎？」

大家是否也聽過「股市沒有專家，只有贏家和輸家」這句話？很多專家講得頭頭是道，但結論卻常讓人跌破眼鏡。

應該是所有投資人都認為該在「我知道」的情形下，才能做出正確的投資決定。如果真能做到「我知道」，就不可能賠錢了。一旦賠錢之後，大家就會檢討下次該怎麼去做到「我知道」？

真的不要給自己太大壓力，因為絕大多數的專家在他認為自己知道的情形下所做的判斷，還是經常可能出錯的，你肯定沒有專家的專業知

識，所以「我不知道」就是再正常不過的事了。

應該接受「我不知道」的這個事實，然後去因應它，而不該一直鑽牛角尖，一定要讓自己做到「我知道」。

每當金融環境出現重大利空，導致股市重挫時，大家最想問，也是節目主持人最想問專家兩個問題，一是「還會跌嗎？」二是「會跌到幾點？」

因為他們是專家，一定會找到很多相關的證據，來強力佐證他們的「判斷」，結果大部分都是比較悲觀的結論：「還會跌，而且會跌到多少點才有可能止跌。」因為我不是專家，所以我直接回答「我不知道」，但我會依照「紀律」來做投資決定。

最終常常是我傻傻不知道，反而做了對的投資決定，而其他專家卻自以為知道很多，但常常錯過了低檔買進的機會。

要做「判斷」，當然必須「知道」，但如果只是遵守「紀律」，「不知道」反而不會讓人躊躇不前、猶豫掙扎，然後可以果斷執行。

自2008年金融海嘯之後，全球股市超過十年幾乎只漲不跌，我們稱為「多頭市場」，所以很多專家一直透過各種觀察，警告代表股市重大利空的「黑天鵝」就要出現，接著便會迎來「空頭市場」。這是專家展現專業最典型的「我知道」，但結果都是庸人自擾，直到專家「不知道」的新冠肺炎疫情席捲全球，才真的確定是黑天鵝來了。

如果能預測的黑天鵝，它就不會是黑天鵝；只有不能預測的黑天鵝，它才是真正的黑天鵝。既然「不知道」，就不要強求「知道」，只要照紀律做就好。什麼是紀律呢？就是合理報酬出現的時候，就是該進場的時候。

11

金句

股市從來都沒有「應該會怎樣」

只有「結果是這樣」

／ 股市從來都不缺利空消息。

／ 股市是經濟的領先指標，它的走勢永遠
  在金融事件確定發生前就提早反應了。

2020年3月新冠肺炎造成全球極大恐慌時，美股曾經在盤中三次熔斷，也就是因為跌幅太大，美國證券交易所決定暫停交易，代表投資信心盪到最谷底，結果我們就看到美股從29,000點之上，呈現雪崩式下跌，連帶台股也從12,000點往下狂瀉。

這時，很多專家喊出了台股可能會跌到7,000點的預測。從全球股市同步重挫的趨勢來看，台股真的「應該如預期會怎樣」，但結果有沒有跌到7,000點？沒有！跌到8,523點就止跌了。

自此，展開了「報復性」反彈走勢，但是全球疫情並未緩解，全球經濟活動幾近停擺，失業率不斷飆高，專家又叫大家稍安勿躁，等出現第二支腳再進場，也就是反彈很快會結束，然後會再跌下來，屆時才是最好的進場時機。結果有出現第二支腳嗎？沒有！它就頭也不回地反彈到13,031點才結束。這又是「應該會怎樣」的預測，但又錯了！

股市真的沒有「應該會怎樣」（應該跌到7,000點，及出現第二支腳），只有「結果是這樣」（結果跌到8,523點，並出現Ｖ形反彈）。

　　我們還可以再往前回溯到2016年的總統大選。蔡英文當選時，很多投資人開始擔心兩岸關係會緊張，這對股市未來的發展當然是負面的，所以大多數投資人對台股走勢都是偏空看待的。結果呢？

　　兩岸關係一如預期是比馬英九執政時期要緊張，但股市卻一路從8,000點往上漲，甚至站上萬點已經超過三年，一度還站上13,031點。有一個網友曾問我：「蔡英文上台，股市不是應該要跌嗎？」我回答他說：「誰說『應該』會跌呢？」

　　同年，川普出乎意料當選美國總統，舉世譁然，國外很多投資專家甚至警告大家「金融海嘯又要來了！」結果呢？美股從18,000點一路漲到29,000點之上。要不是新冠肺炎在全球擴散，才

差點把川普執政期間美股所有的漲幅統統吐回去。

　　股市從來都不缺利空消息，而且一個接一個，根本不讓投資人有喘息的機會。有些是「真正的」利空，但也絕不會在它結束後，股市才會反彈；有些是「想像的」利空，如蔡英文和川普當選總統，事後大家才赫然發覺它根本不是利空。

　　股市是經濟的領先指標，所以它的走勢永遠在金融事件確定發生前就提早反應了。很多專家事前說「應該會怎樣」，都是在事件發生後去預測，但事後來看，常常是錯的。當股市發展的「結果是這樣」時，專家事後怎麼解釋都是對的。

　　股市的發展如果這麼容易被專家預測正確，投資人怎麼可能會賠錢呢？這其實又呼應了我上一篇的論點：「『我不知道』才是正確答案。」不是嗎？

輯二

認命
才能賺到錢

金句

認命才能賺到錢

／ 認命每年等著「領股息」，長期下來，一定賺得到錢。

／ 但「認命」是違反人性的，因為貪婪讓大多數人都不甘願認命……。

看到這裡，你會覺得投資股票要賺錢，真的好難！其實一點都不，只要「認命」就好了！

我在演講的時候，很愛斬釘截鐵說下面這句話：「如果你認命，一年只想在台灣股票市場賺5%，你100%做得到。」然後，我看著台下的聽眾，幾乎沒有人露出相信的表情。

我接著說：「但是大多數人都不認命，因為如果能買到一支飆股，『一天』漲停板就是10%，誰想等『一年』才賺5%呢？但不認命的結果，就是大部分投資人都是賠錢的。」這時，臉上出現「相信我」表情的人變多了，因為大家一定都有賠錢的經驗，所以特別有共鳴。

「我隨便舉個例子，大家都聽過兆豐金吧？它的股價大概都在30元上下，2019年和2020年都配1.7元的股息，拿1.7元去除以30元，也就是股息殖利率，是5.7%，這樣是不是就賺到5%了？」相信我的聽眾愈來愈多了。

「兆豐金每年的股息殖利率大該都在5%左右，而且它大到不可能倒，是不是？所以你去買兆豐金，每年領股息就好，是不是就一定賺得到錢？」大家開始點頭如搗蒜。

「你把3萬元現金『存在』兆豐金，一年領不到300元利息；你把3萬元拿來買兆豐金的『股票』，一年可能可以給你超過1,500元。」

此時台下偶爾有人會發問：「如果有一年兆豐金只發1元，或更少呢？」

「它的股價也會跌下來啊！股息殖利率還是能維持5%，所以你有錢，就繼續買吧！」

這時候，大部分人應該都接受我的看法了。我接著說：「兆豐金只是我舉的例子，很多金融股也都具備類似的條件。買股票如果只想領股息，就變得非常容易了，但是請記住一定要買同時符合以下兩個條件的股票。」

一、幾十年都有穩定配息的股票，不能只有一、兩年配息喔！而且最好股息殖利率每年都至少打敗通貨膨脹率3%，如果能有5%以上，當然更好！

二、公司規模大到不會倒，也就是要買那種「如果它倒了，台灣也就倒了」的股票。

買同時符合以上兩個條件的股票，然後認命每年等著「領股息」，長期下來，你一定賺得到錢。

如果你不認命，想一年賺10%、20%，賠錢的機會就很大。因為台股沒有任何一支股票能年年給你10%以上的股息殖利率，所以你必須去「賺價差」來補足差額，這樣風險就變大了。

可惜的是，「認命」是違反人性的，因人性中的貪婪，讓大多數人都不想認命、不甘願認命。

金句

投資無腦，人生無惱

／「無腦」投資，才能讓投資「無惱」，才能
　花更多時間和精力，去解決人生中其他
　的煩惱。

／「認命」＋「無腦」＝穩穩賺。

有一次，我在路上看到一則公車車廂外有四個大字：「無惱投資」，原來這是投信公司在賣基金的廣告。很多人都認為投資股票很難，所以決定去買基金，讓專業的投資團隊幫你投資，當然也希望能幫你賺到錢，然後就自以為沒煩惱了，也就是做到了「無惱投資」。

　　真實的情況呢？一來不一定會賺錢，二來很多國外基金甚至讓你賠掉超過一半的錢，這樣不是更煩惱嗎？哪裡是「無惱投資」啊？

　　我在前一篇不是才說「一年認命賺5%，你一定賺得到」嗎？所以為什麼要把錢交給專家？為什麼要把自己的命運交給別人？因為大部分人不認命，以為交給專家應該會賺更多。這時，請別忘了那句投資名言：「股市裡沒有專家，只有贏家和輸家。」

　　我希望大家要把「無『惱』投資」改成「無『腦』投資」。無腦也能投資？真的可以！接下來是我在每次演講都會問的問題：

「台灣目前主要有三類股票，也就是電子、傳產和金融。因為買股票最重要就是不能把所有的雞蛋放在同一個籃子裡，所以我們就每一類買一支，可以吧？電子股，大家認為哪一支最好？」每一次都是同一個答案：「台積電。」我接著問：「有買的舉手？」幾乎沒有人舉手。

我接著問：「傳產股，哪一支最好？」大多數聽到的答案是「台塑」。我再問「有買的舉手？」還是很少人舉手。

我接著又問：「金融股，哪一支最好？」這時，答案比較分歧，我為了能接續下面的問題，會說：「國泰金，好不好？」大家點頭，但買的人還是不多。

這時，我繼續問：「買這三支股票，要不要花腦筋？要不要研究它們的財務報表？要不要評估它們未來的成長性？」

大家異口同聲：「不必花腦筋，也不必花時間研究。」

上述三支股票是不是符合前一篇所提的兩個條件：幾十年都有穩定配息，並且大到不會倒？

　　我這時做了結論：「所以真的可以『無腦投資』啊！再來，請問這三家公司的董事長會不會跳槽？」大家又異口同聲說：「不會！」

　　我再繼續問：「那麼基金經理人會不會跳槽？」大家這次異口同聲的答案是：「會！」

　　這時，我反問大家：「所以買基金真的可以『無惱』嗎？」

　　「無腦」投資，才能讓你投資從此「無惱」。這時你才能花更多時間和精力，去解決你人生其他的煩惱。這些煩惱包括學業、事業、感情、家庭、親子、健康等等。如果投資也要花腦筋，當然就會焦慮，再和其他人生煩惱攪在一起，那就更雪上加霜了。

　　「認命」加「無腦」，才能讓你穩穩賺。

金句

穩穩賺、慢慢賺，才能久久賺

/ 人生不是比衝刺能力的短跑比賽，而是
  比持久耐力的馬拉松。

/ 每年賺5%，雖然看起來很「慢」，不過
  只要「穩」，就一定能夠「久」。

最近有個字在投資理財上很夯：F.I.R.E，它是 "Financial Independence, Retire Early" 的縮寫。字面翻譯是「財務獨立，提早退休」，但我們常用「早日財務自由」來代表。這是多數人希望達成的目標，但或許也是害大家在投資上失敗的主因。

一般人對「財務自由」的「想像」是「賺到足夠的錢，不用再上班，然後未來都不需要再賺錢」。假設你現在二十五歲，然後想在四十歲時達到財務自由，而你有可能活到一百歲，還有六十年可活。每年若生活費需要50萬元，你就必須賺到3,000萬元，才能達成目標。這時，從二十五歲到四十歲，你必須薪水加投資，扣除生活花費外，每年還要賺200萬元，你覺得容易嗎？你如果現在資金不多，方法不外乎以下三種：

一、選個股，賺價差。領股息絕對不可能讓你十五年就賺到3,000萬元，只好去賺價差。不過，你千萬不要高估自己的選股能力，因為要用

很少的資金賺到很多錢，絕對不可能從漲勢溫吞的大型績優股身上賺得到，一定要去買小型投機股。這時風險當然非常大，因為這些投機股都是有可能下市的，屆時你所投下的資金會瞬間歸零。

二、融資買股票。資金不多的人，都會希望借錢來增加投資的額度。一旦碰到像2020年3月因新冠肺炎導致的大崩盤，券商是有權利在盤中直接把你的股票賣掉（股市術語叫「斷頭」），以確保它能收回對你的貸款，但此時你可能已經賠了快五成。

三、玩期貨。期貨標榜的是「以小搏大」，最能打動年輕人追求迅速致富的心理。期貨賭指數的漲跌，無須費神選個股，看來簡單，但行情瞬息萬變，你若又在上班，哪有時間在盤中緊盯行情的變化？因為期貨有結算日，就算你「長期」看對，但只要「短期」看錯，就會立刻賠錢。期貨因為都是保證金交易，所以只要當天行情劇烈震盪，而你又判斷錯誤，就會立刻被期貨公司

「斷頭」。

如果我把「財務自由」的「定義」改成「不用上班之後，也不擔心沒有錢花」，然後將達到財務自由的時間延長到五十歲，那就相對簡單了。

定義明確之後，再用我前兩篇的5%股息殖利率來計算，只要賺到1,000萬元就夠了。1,000萬元的5%，不就賺到了一年生活費50萬元了嗎？如果從二十五歲到五十歲要賺1,000萬元，每年扣除生活花費外，只要賺40萬元，不是就很簡單了嗎？真的有必要在投資理財上冒險賺錢嗎？

人生的路途非常長，所以絕對不是比衝刺能力的短跑比賽，而是比持久耐力的馬拉松。

每年賺5%，一定賺得到，所以很「穩」，但是看起來當然很「慢」。不過，只要「穩」，就一定能夠「久」。

金句

不要對股票失望

也不要對股票存有奢望

你的人生才會有希望

／ 認命！股票絕對是凡夫俗子唯一可以進
行的投資。

／ 對股票不該「失望」，但也不該「妄想」
靠它能迅速致富。

2020年3月19日，台股重挫到8,523點，股市投資人哀鴻遍野。當晚，我的粉絲頁有個網友留言，字裡行間幾近絕望，跟我說他這幾年買第一金來存股，結果當天帳上的虧損不只把他這幾年領的股息都吐光，甚至已經倒賠了。他很害怕，因為很多專家都說會跌到7,000點，所以問我該不該停損？但他很不甘願，為什麼他用最保守的領股息的投資方法，最後還是會賠錢？

我相信，當時有很多投資人都對股票失望了。如果因此讓你對股票絕望，不再從事股票投資，你還能有什麼投資工具的選項呢？定存當然不行；儲蓄險排擠生活開銷，要很多年後才能賺到錢，緩不濟急；外匯、黃金、債券，比股票更難。難道要去玩期貨？可能賠錢的機會更大；房地產嗎？哪有那麼多錢去投資？

大家真的要認命，「股票」絕對是凡夫俗子唯一可以進行的投資。一來資金門檻不高，幾萬元就能進場，二來資訊門檻也不高，隨時都很容易取得相關資訊。即使碰到新冠肺炎造成的股災，

也不應該對股票失望。

　　我回答那位網友:「千萬別衝動,第一金幾十年來都有穩定配息,而且大到不會倒,真的不必太恐慌。就算你沒錢繼續往下買,也至少不該在此時認賠賣掉。」我誠心希望,他隔天沒有停損,因為台股自3月20日就開始報復性反彈了。

　　我雖然喜歡用兆豐金來舉例,但其實很多金融股都具備和兆豐金相同的投資條件,第一金當然也不例外。

　　如果你是以領股息為投資獲利的目標,只要想著所買的股票股息殖利率勝過定存利率,就真的不要自己嚇自己。

　　很多人不買台積電,都是因為嫌它貴,但如果用股息殖利率來考慮,就算買在400元以上,我都認為有投資的價值。一來它被稱為台灣的「護國神山」,絕對不必擔心它會下市,二來只要它一年能配4元以上的股息,就打敗定存利率

了。它現在一年配息四次，合計10元左右。萬一連它一年都只能配4元時，我相信絕大多數的台股可能都配不出股息了。

雖然不該對股票「失望」，但也不該對股票存有「奢望」，或「妄想」靠它能夠迅速致富。你可以再複習一下前一篇，真的不必太著急，因為你只要從很年輕的時候，就開始穩穩領股息，未來就比較不容易變成下流老人。如果你積極想賺價差，希望早日財務自由，但因為高報酬當然伴隨高風險，反而更容易讓你必須面對不可知的晚年。

在對股票既不「失望」，又不「奢望」的情形下，你的人生才會有「希望」。

金句

你得到的是情報？還是消息？

／ 千線、萬線，比不上一條內線⋯⋯。

／ 領股息靠「消息」就可以，但賺價差一定
要靠「情報」。

想「賺價差」的投資人，應該是遠遠多於只想「領股息」的投資人，因為人性都是「不認命」的。如果不把賺價差的風險清楚說出來，大家應該還是不會死心。

在職場上有一句名言：「一個計畫趕不上一個變化，一個變化還不如一通電話。」把它用在股票投資上，就成了「千線、萬線，比不上一條內線」。想賺價差的人，當然希望得到一條獨家的內線，知道哪一支股票未來會大漲，然後在它還沒上漲前趕緊買進。

內線的取得，談何容易？誰會有內線？當然是公司的大股東、董監事，還有高階經理人。你如果都不是，怎麼能說擁有內線呢？

「內線交易」因為牽涉不公平的交易情形，是有可能違反相關的法令規定。如果證據確鑿，是會被判刑、關進監獄的。既然如此，一般投資人怎麼可能得到內線消息？

如果你因為工作關係，知道上游客戶急著跟你下訂單，你就知道他們接到大生意了，然後在其他投資人都還不知道的情形下先行買進，這才是貨真價實的內線。但，你有嗎？你有嗎？你有嗎？（因為很重要，所以問三遍）

很多投資人也常在媒體上尋找明牌，這才是最危險的。為什麼？

一、大家都看到同一則訊息，你怎麼會認為只有自己會賺錢，而別人都會賠錢呢？

二、記者不可能在還沒確實查證前就發布新聞，所以當媒體注意到一支股票時，它可能早就漲了一大段。媒體資訊在時效上常常是落後的。

三、我們可以合理懷疑，或許有些不肖記者早就因為知道內情，而先買進某一支股票，然後才在媒體上發布利多消息。當讀者看到新聞去買進時，不就是這些不肖記者獲利了結的最好時機嗎？

有兩個英文字都是「資訊」的意思，一是 Information，也就是「消息」，是大家都知道的；另一是 Intelligence，則是「情報」的意思，也就是只有極少數人才知道。美國掌管最高機密的中央情報局，簡稱CIA，中間那個I不是 Information，而是 Intelligence。

大部分人得到的資訊都是「消息」，怎麼可能靠這些就能買在最低點、賣在最高點，然後賺到價差呢？上市公司發布的配息資訊，雖然也是「消息」，但只要你換算股息殖利率覺得滿意，大家都可以一起賺錢。

簡單來說，領股息靠「消息」就可以，但賺價差一定要靠「情報」。請你誠實面對自己，你有能力拿到情報嗎？如果沒有，還是領股息相對安全吧！

金句

在哪裡跌倒

要從別的地方爬起來

／ 一心只想賺價差的投資人,請一定要設
　好停損點。

／ 勵志名言在投資理財是行不通的,不要
　以為「別人能,我為什麼不能?」

很多勵志的書籍常常說：「在哪裡跌倒，就從哪裡爬起來。」換句話說，只要記取失敗的教訓，下一次你就會成功。但是，在投資理財上，卻萬萬不可以有同樣的想法——特別是你的目的是要賺價差時。

如果你根本不管買的這支股票有沒有幾十年都穩定配息，也不在乎以後會不會下市，只要賺到它的價差就好時，請千萬要設好停損點，絕對不要逢低攤平，這樣的下場常常是愈攤愈平，最後攤到躺平。

「逢低攤平」就是「在哪裡跌倒，就從『哪裡』爬起來」；而「設好停損點」則是「在哪裡跌倒，要從『別的地方』爬起來」。

曾聽過一個案例：有一個投資人在1,000元時買了一張宏達電，然後在跌到500元時，決定買兩張來加速攤平。因為他心想1,000元都敢買了，現在跌到500元了，怎麼會不敢買？

跌到250元，當然就買四張啊！跌到125元，就買八張；跌到60元，就買十六張；跌到30元，就買三十二張。

因為一路向下攤平，結果花了快600萬元，平均成本雖然降到100元左右，但若以最低價30元計算，這樣就虧了440萬元左右。

如果你不逢低攤平，就讓1,000元買的那一張套牢到現在，就只會虧97萬元。如果你在宏達電跌到500元時，不是買進，而是停損賣出，不過只賠50萬元，反而是最好的結果。

一心只想賺價差的投資人，請一定要設好停損點。一般專家的建議都是只要賠10～15%，就要執行停損，然後換股操作，或許把虧損賺回來的機會還比較大。

有一次，我在某電視財經節目上，聽到主持人分享索羅斯（George Soros）的成功之道：「愈挫愈勇，永不放棄」八個字。我覺得這完全是錯

誤的鼓勵。一般人的資金不可能像索羅斯這麼多，只要來幾次重大的失敗，大概就GG（完蛋）了。嚴格執行停損，才不會出現重大的失敗。

很多人生的勵志名言，在投資理財上都是行不通的，絕對不要以為「別人能，我為什麼不能？」

如果你只想領股息，而且買的是幾十年都有穩定配息，而且大到不能倒的股票（因為太重要，所以我好像一直重複寫，哈哈！）萬一買進之後，卻一路下跌，則不一定需要停損。

你可以用當初買進的價格，和它的每年平均配息來算，只要股息殖利率超過定存利率，甚至還超過通貨膨脹率，就不用擔心，也不用停損啊！

若有天它突然出現利空消息，造成股價短期內重挫，不只不要停損，還可以趁機逢低撿便宜，因為逢低攤平在此時，不失為一個積極的做法，因為它可以讓自己的平均成本更低，不是嗎？

金句

套牢是投資人的宿命

／「害怕」套牢，反而更容易套牢；「擁抱」
　套牢，才有機會買在低點。

／若無法逃避套牢，那麼問題就剩下：「要
　選擇套牢在什麼標的上？」

股市中充斥著各式各樣的專家，但是「好的老師帶你上天堂，不好的老師帶你住套房」。也就是說，厲害的老師推薦你買的股票，可以幫你賺大錢，讓你像住在天堂裡一樣開心，但差勁的老師推薦你買的股票，會讓你買了之後就一直跌，然後慘遭套牢，猶如住「套」房。

真有這麼厲害的老師，都不會害你住套房嗎？那是絕對不可能的事情！每個老師都會說：「萬一行情看錯時，一定要設好停損點。」在「停損」之前，不就一定會經歷「套牢」嗎？

我可能是唯一經常在媒體上承認自己套牢的財經作家，因為我認為只要有買股票，套牢就是很正常的事啊！其他人因為都被媒體稱為「專家」，當然就不好意思承認自己會套牢了。

絕大多數的人當然會想盡辦法避免套牢，最簡單的方法就是「不買股票」。當你想進場買股票時，當然希望買了之後立刻上漲，所以一直在

等一個最好的買進時機。在股票大跌時買進，應該比較不容易套牢，但大家都很害怕還會不會再跌？如果以後還會跌，現在買，不就套牢了嗎？所以敢在大跌時買股票的人非常少。

大家在什麼時候比較敢買呢？就是在股票從低點反彈後，看著它一路上漲，覺得它應該不會跌了，所以才敢在這時候進場。不過，股價都漲上來了，這時才買，套牢的機會不是更大嗎？

因為怕套牢，結果都買在股價較高的時候，這不是很矛盾嗎？

你的身邊是不是有很多人「一買股票就跌，一賣股票就漲」，或許你也常常如此，總是「追高殺低」，換句話說，就是股價漲了才買，後來股價開始跌，為了怕跌更多，只好停損，結果卻賣在低點。

「害怕」套牢，反而更容易套牢；「擁抱」套牢，才有機會買在低點，雖然還是套牢，但至少

是套牢在相對低的價位。

既然套牢是投資人的宿命，根本無法逃避，那麼問題就剩下：「要選擇套牢在什麼標的上？」

看到某支股票的價格出現大跌時，請問自己：

一、這支股票每年都有配股息嗎？而且股息殖利率至少都打敗通貨膨脹率3%嗎？

二、這支股票會下市嗎？

如果一的答案是「有」，同時二的答案是「不會」，那就別管還會不會跌了，放心去套牢吧！

有哪些股票是可以放心套牢的？也不必去查資料，那些你耳熟能詳的股票，大概就是了。不過，電子股的經營風險比較大，就算非常有名，也不一定可以放心套牢，還是要慎選。傳統產業股和金融股，只要很有名，應該都沒問題。

金句

情願套在指數上

不要套在個股上

／ 絕大多數的股票只要套牢很久，大概此
　生解套都無望了。

／ 什麼股票可以視同「指數」呢？ETF（指
　數型基金）！

台股有史以來的最高點是出現在1990年的12,682點，而那一年後來一口氣就跌到2,485點。一年跌掉超過10,000點，跌幅超過80％，夠恐怖吧？

更恐怖的還不只這個。當年的股王是國泰人壽，股價最高來到1,975元。現在國泰人壽改名為「國泰金控」，在2020年新冠肺炎造成股市重挫中，它的股價曾跌到33.8元，只剩下最高價時的1.7％。

台股在同一期間，最低點是8,523點，是歷史最高點的67.2％。

各位，1.7％對上67.2％啊！

假設你就是買在國泰人壽當時的最高價，但因為它後來都是配股票股利，股價在隨後幾年也還是有三位數，所以你在第六年時，是可以解套的。如果你錯過了當時可以解套的機會，你就會套牢長達三十年，甚至永無解套的一天。

試問，指數要從8,523點，回到最高點12,682點，比較容易？還是國泰人壽要從33.8元，回到最高價1,975元，比較容易呢？顯然是指數比較容易。到了2020年7月28日，指數突破了1990年的高點，來到了13,031點。

　　我可不是用隨便一支名不見經傳的股票來舉例，我用的可是國內壽險業的龍頭國泰人壽喔！

　　當時的主流股是金融股，每一支最起碼都是三位數的股價，其中高達四位數的也不少。很多人從當時就一直套牢到現在了。

　　後來的主流是電子股，很多股價三位數的股票，現在只剩兩位數，甚至已經下市，更是多到數不清。

　　絕大多數的股票只要套牢很久，大概此生解套都無望了。換作是指數，就算2008年金融海嘯時，台股跌到3,955點，要回到最高點12,682點的機會，一定比絕大多數的個股要高吧？

什麼股票可以視同「指數」呢？那就是ETF（指數型基金），國內最具代表性的ETF，就是「元大台灣50」。本書往後提到它時，都會以它的股票代號0050來稱之。

0050是由台灣前五十大市值的公司所組成，簡單來說，你可以把它們想成是台灣的前五十大公司。發行0050的投信公司經過精密的計算，規定每一支股票的持股比例後，就會和每天大盤的漲跌幅幾乎一樣。

再複習一下前一篇提到「安心套牢」的條件：

一、這支股票每年都有配股息嗎？而且股息殖利率至少都打敗通貨膨脹率3%嗎？0050自2003年上市以來，每年都有配息，也都超過3%。萬一最大的五十家公司有一年都沒有配息時，所有的台股大概也都配不出來了。

二、這支股票會下市嗎？這五十家公司或許有一家會因倒閉而下市，但請問這五十家公司會

不會「同一天」倒閉？當然不可能。萬一真有這麼一天，屆時新台幣應該也不存在了。

0050雖然是基金，但它的買賣和一般個股完全一樣，所以交易非常方便。我從2008年金融海嘯之後，就只買0050，一直到台股超過萬點後，才又增加「元大高股息」（代號為0056）。

輯三

不要再選股
大不了套牢

金句

不要再選股，大不了套牢

／ 「無腦投資」的進階版就是「不要再選股」。

／ 當不用再在一千七百支股票中做選擇時，
　 投資股票不就變得非常簡單了嗎？

我曾在前面寫過，買股票可以很無腦，只要電子股買台積電、傳產股買台塑、金融股買國泰金就好了，而這三支股票又都是0050的成分股。那麼，買那三支股票比較好？還是買0050比較好？

請切記，每一支個股都有可能突然發生利空。

台積電已經是台灣企業經營的楷模，也一樣會出事，例如它曾經發生晶圓有瑕疵而報廢，一次損失好幾十億，甚至更早之前，前董事長張忠謀在游泳池畔摔一跤，隔天股價就大跌了。晶圓瑕疵或許還有人會先知道，但張董事長摔跤，總不會有人能預測吧？

台塑在新冠肺炎造成油價重挫中，股價受到拖累而大跌；國泰金投資印尼銀行，認列虧損140億元。以上都是突發的利空，不是嗎？

台積電出事那一天，台塑和國泰金會同時出事嗎？機率應該趨近於0。台塑出事那一天，台

積電和國泰金也幾乎不可能在同一天出事。國泰金出事那一天，如果另兩家也出事，那種機率就和中樂透的機率一樣了。

這三支都是0050的成分股，所以當其中一家突然發生利空時，其他四十九支股票應該不會同時出事，所以0050所受到的影響相對就不大。因為0050是台灣前五十大公司的組合，所以可以做到風險完全分散。

由此可證，買0050絕對優於買任何個股。

選股是股票投資上最讓人焦慮的一件事。買0050完全無須選股，當然就不會再焦慮了。發行0050的投信公司依規定，會每半年檢視一次，若發現其中有股票的市值已經不在前五十名，就會被剔除，例如宏達電和友達，都已經不是0050的成分股了。

這時，「無腦投資」的進階版就是「不要再選

股」。

前一篇最後提到的「元大高股息」（0056），和0050一樣也是ETF，只是成分股的組成不一樣。它是由預估股息殖利率最高的前三十支股票所組成，所以它強調的是「高股息」。

0056的三十支成分股，當然也不可能同一天全部都出事，更不可能同一天都倒閉，所以也絕不可能下市；0056也完全符合前兩篇一再提到的「安心套牢」的條件，萬一套牢也沒什麼大不了。

當不用再在一千七百支股票中做選擇時，投資股票不就變得非常簡單了嗎？所以我才要說「不要再選股」。

當你套牢在0050和0056時，因為每年都能領股息，又不可能下市，心中當然可以很踏實，然後在買的時候，就可以告訴自己「大不了套牢」。

台股中完全追蹤台股的ETF有很多支，只是0050是其中規模最大的一支，大家當然也可以自己做研究，並不是非買0050不可。台股中強調「高股息」的ETF也不只規模最大的0056，大家也可以自行選擇。

　　截至2020年9月底，國內ETF資產規模僅次於0050和0056的三、四、五名，分別是00878、00850、00692。

　　第三名的00878，正式名稱是「國泰永續高股息」，由國泰投信發行，一般投資人是拿來跟0056相提並論，是近來受益人數成長最快的ETF。一年預計配息四次，股價約略是0056的1/2。

　　第四名的00850，正式名稱是「元大台灣ESG永續」，和0050、0056一樣是由元大投信發行，一般投資人是拿來跟0050相提並論，甚至被稱為「小0050」。一年配息一次，股價約略是0050的1/4。

第五名的00692，正式名稱是「富邦公司治理」，由富邦投信發行，一般投資人也是拿來跟0050相提並論，一年也是配息兩次。股價約略是0050的1/4。

金句

我奉行的是減法投資

／ 現在的我，完全奉行「減法」投資，只買兩
支股票。

／ 永遠都只講0050和0056，但這不是我的
「推薦」，只是我的經驗「分享」。

很多人買股票好像在開便利商店「7-11」，意思是說手上有七到十一支不同的股票，一來是因為到處聽明牌，同事說這支好就跟著買，鄰居說那支好又跟著買；二是美其名「不要把所有的雞蛋放在同一個籃子裡」，結果就是愈買愈多。我把這種投資方法稱為「加法」投資。

　　因為買的股票太多，當然很難管理。一旦套牢後，不肯停損，反而繼續加碼攤平，下場可能更慘。這種逢低攤平的做法，同樣也是「加法」投資。

　　以前的我，也曾經和這些人一樣，當然也很難擺脫虧損的宿命。現在的我，完全奉行「減法」投資，只買兩支股票，就是0050和0056，其他個股或其他ETF，我就完全不再去關注它們了。

　　為什麼我會有這種體悟？這要從2008年的一場午覺談起。

當年全球爆發了金融海嘯，我買的所有個股統統處於虧損狀態。某天收盤後，想睡個午覺，卻輾轉反側睡不著，因為我自以為學經歷非常優秀，但結果還不是和所有人一樣，滿手賠錢的股票？而且幅度跌得還比大盤更深。

我當時想說，如果能跟大盤一樣，至少不會太鬱卒，就可以好好睡個午覺。什麼股票能跟大盤一樣？就是0050啊！我以前也曾經買過0050，但覺得漲幅太溫吞，完全沒把它放在心上。我告訴自己：「買0050，雖然也會跌，但至少不會跌得比大盤多吧？」

第二天，我做了人生最重要的行動，就是把所有股票，不管賠多少，都統統賣掉，然後全部換成0050。從此，我只買0050，也正式開啟了我的樂活人生。

到了2017年，台股站上萬點後，我才再增加以領股息為目的的0056。

關於0056，我接下來再分享一個老太太的故事。在一場關於「退休理財」的演講場合，我講完之後，一位老太太站起來發言。

她說：「我先生前一陣子剛剛過世，我去辦遺產稅申報時，才知道他留給了我一百多支的股票。」聽到這裡，很想跟她說：「妳先生不只開7-11，根本是開百貨公司。」但心想這是她的傷心事，不該開玩笑。

她接著說：「我從來沒有買過股票，結果現在每天在看盤，但面對這一百多支的股票，根本就不知道怎麼辦？生活過得很痛苦。現在聽了你的演講，也決定學你那場午覺之後做的決定，反正先生已經不在了，明天我也要把所有股票統統賣光光，統統換成0056。」

我這時看到了她那非常堅毅的神情。最後，她說：「我就用0056每年的6%報酬率慢慢賺回來，應該就很滿意了。最重要的是，我可以有時間去做我想做的事了。」

如果她隔天真的這麼做，她應該是買在24元左右，這三年一共領了4.2元。你可以用現在0056的股價算算看，帳上的價差還有多少？很可觀吧！

　　我在所有的書、文章、演講或訪問中，永遠都只講0050和0056，但這不是我的「推薦」，只是我的經驗「分享」。你可以買其他類似的ETF或個股，但我唯一的建議，就是只買一、兩支就好。

22

金句

情願懂得少，不要懂太多

╱ 只懂皮毛，才是最危險的。

╱ 在理財上，真的不用懂太多，只要懂能賺
　錢的一、兩招就夠了。

PTT版上曾有一個笑話:「有個年輕人在速食餐廳吃中餐,順便看股票。一個乞丐進來,年輕人給了他一隻雞翅。乞丐後來居然湊過來,和他一起看股票,然後說:『長期均線黃金交叉,底部訊號鈍化,MACD將轉正,能量潮喇叭口擴大,這支股票必漲。』年輕人驚詫問道:『這個你也懂?』乞丐說:『我就是因為懂這個,才變成今天這個樣子。』」

很多人以為懂愈多,就愈容易賺到錢,但結果卻有可能跟笑話裡的那個乞丐一樣。一個人不可能精通很多知識,雖然你自認為懂很多,但其實可能都只是懂皮毛而已。只懂皮毛,才是最危險的。如果根本不懂,你就不會去做,這樣反而安全。

已故功夫巨星李小龍曾說過一句話:「我不怕練一萬『種』招式的人,我只怕一招練一萬『次』的人。」

日本有一個高齡九十幾歲的「壽司之神」小野

二郎，要去他的店裡吃壽司，沒有在好幾年前訂位，你是根本吃不到的。他一輩子只會捏壽司，他有可能會做紅豆餡、做銅鑼燒嗎？我相信他一定不會。

這就是日本的「職人」精神。一個人一生專精一樣事情，把它一直做、不斷做、天天做，就會成為這個領域的專家。

很多人在買股票時，用的是「加法」投資，連學習投資理財，也是「加法」思維，希望統統都學會，就以為什麼都賺得到。

除了不要懂太多投資的技巧之外，連投資的相關訊息最好也是少看為妙。

2020年是個多事之秋，從年初爆發、造成全球大流行的新冠肺炎開始，接著就是經濟活動停滯、失業率攀高、許多企業宣告倒閉，再來又有中印緊張、南北韓緊張，連三峽大壩都有可能潰堤。如果你了解太多國際金融情勢，一定不敢進

場買股票，那就會錯過從觸底之後、長達近四個月的Ｖ型大反彈行情。

股市從來都不缺利空，就算沒利空的時候，很多專家也會發表他的警告，所以或許真的應該做到「眼不見為淨」。專家很少告訴大家他獨家看到的好消息，而幾乎都是希望大家要小心，最好都不要進場。不進場，你不會賠錢、套牢，你就不會怪專家，這是他的自保之道。

大盤因為很難受人為控制，所以技術指標相對可信，甚至比你每天看那麼多媒體的報導和分析，對你的投資更有幫助。

在工作上，你要懂得愈多愈好，才能在職場上有不可取代的優勢，甚至還要有第二專長，一來不怕失業，二來能創造斜槓人生，增加其他收入。不過，在理財上，真的不用懂太多，只要懂能賺錢的一、兩招就夠了。

23

金句

用佛系的態度來理財
但不要放棄賺錢的夢想

／ 情願買雞精，也不要買基金。

／ 不要再認真學習，一樣能夠賺到錢。

理財工具概分為九種，包括存錢、保險、房地產、黃金、外匯、債券、期貨、基金和股票。很多人的投資焦慮來自於以為要把它們統統都學會，但我認為根本不需要，因為如果不是拿來賺錢的，或是很難賺到錢的工具，就別浪費時間學了，這就是我所謂的「佛系的態度」。

前面我曾經提過「定存」注定輸給通貨膨脹率，只會愈存愈窮，而「保險」也不該拿來當做賺錢的工具，所以根本不必學。那麼其他七項呢？

很多人認為「房地產」是拿來投資賺錢的，我認為只對了一半。你買的第一間房子，買得起最重要，但如果你想要賺錢，就一定要買地點好、才有可能增值的房子，那一定很貴，你就買不起，只好永遠做租屋族。到你老了，還在租屋，卻沒有房東願意租給老人時，該怎麼辦？所以應該先求「買得起」，所以真有必要學習房地產投資術嗎？等你有能力買第二間房子當投資時，再學也不遲。

每次演講提到「黃金」時，我都會問大家一個問題：「黃金什麼時候會大漲？」答案都是「戰爭的時候」。我再問：「誰希望發生戰爭？」全場搖頭。既然黃金很難賺大錢，而且交易也不如股票有效率，所以別指望黃金成為投資工具，買來戴在身上，看起來賞心悅目就好。

「外匯」投資，真的需要更高深的知識才能做正確的判斷，但一般人資金部位不大、又很難學會，所以CP值不高，就別費神學習了。只要看到29元可以換到1美元、25元可以換到100日圓，就趕快去換，以後出國花錢肯定會開心。

「債券」因為風險低，所以能提供的報酬率不高，就只比定存多一點點，也很不容易打敗通貨膨脹率。國人其實很難買到政府公債，所以債券投資多以購買海外債券基金為主，這就又牽涉到匯差的風險。既然債券很難賺錢，還需要學嗎？

對於「期貨」，我只有四個字奉勸大家：「千萬

別碰」。做期貨交易，一定要盯盤，就不可能去上班。千萬不要以為靠期貨就可以賺到一生的開銷，那真的非常地困難。完全不懂期貨、選擇權、權證等各式各樣的衍生性商品，就不會去從事，當然就不會面臨極高的風險，所以反而是比較幸福的。

我常說：「情願買雞精，也不要買基金。」看了前面那麼多文章，你還覺得自行買股票很難嗎？既然都可以無腦了，就不必學習如何挑選基金了。基金銷售都有一句警語：「以往的績效，不代表未來獲利的保證。」看再多基金評比，都不能保證能挑到績效持續很好的基金。

最後真的只剩下「股票」要學了，但你如果買的是0050或0056，是不是連股票也不必學了？

不要再認真學習，一樣能夠賺到錢。

金句

專家說的都是100％正確

但可行性是0的話

／ 沒有人能「事先」知道指標,只能在「事後」
　去解釋它。

／ 不要100%相信專家的說法,但可以找到
　一個可行性100%的「紀律」來遵循。

專家絕不會說「錯話」，但他可以說「做不到的話」，但這種話其實和「廢話」無異。

2020年3月全球股市重挫時，最常聽專家說的話就是「待落底訊號出現時再進場」。這句話100%正確，但真的不知道該如何運用在投資決策上。沒有人能「事先」告訴大家落底訊號是哪些指標？只能在「事後」去解釋它。如果不能事先預測，可行性就是0。

有些投資人自行研判（或猜測）落底訊號出現，就進場了，結果股價繼續跌，你能怪專家嗎？是你自己判斷（或猜測）錯誤，怨不得別人。

有異曲同工之妙的另一句話就是「掉下來的刀子不要接」，換句話說，就是股價在下跌的過程中，不要猜測股價最低點在哪裡，要等它確定不會再更低了，才能進場。這句話還是100%正確，但如何才能確定呢？專家根本沒辦法給答案，所以可行性還是0。

你等股價反彈之後，自認為不會再跌了，所以就進場，但誰能完全確定低點不會再來？萬一又開始跌，你能責難專家嗎？是你自己太躁進了，貿然接還在落下的刀，手當然會被割傷啊！

無論何時都會看到的經典廢話，就是「大盤將區間整理，一切看個股表現」。這句話甚至成為某分析師每天在網路上分析行情時，都一定會將它當作結語。就算大盤下跌幾百點，總是還會有少數股票逆勢上漲，所以這句話永遠正確。問題是，誰能事先判斷哪支股票會不跌反漲呢？所以可行性依舊趨近於0。

台股一年中幾乎不可能一路漲上去，也不可能一路跌下來，總會在某個指數區間來回震盪很久，所以能選到在這段期間仍持續上漲的股票，當然是每個投資人的期望。然而，真能做到這一點太難了，但事後來看，一定會有這種股票，你自己選錯了，要怪你自己，怎麼能怪專家？

關於大盤的合理指數，非常多專家都說是

7,000點，即使大盤自2017年就穩定站上萬點，這個說法仍然經常聽到。為什麼是7,000點？沒有專家曾經提出他的「理論」基礎，似乎是把它當作是一種「常識」。

自2013年之後，台股就從來沒有跌到7,000點。最接近的一次是在2015年8月，曾經來到7,200點。如果你相信專家的說法，你可能已經錯過七年的行情。這個7,000點的推估，目前看來並不正確，但不保證未來一定不會看到。真有出現的一天，專家就會吹噓自己的神準，但對你的投資有任何幫助嗎？完全沒有！因為你已經蹉跎了好多好多年，所以可行性還是0。

不要100%相信專家的說法，因為聽完之後，還是很難做出正確的「判斷」，所以真正該做的事，是找到一個可行性100%的「紀律」來遵循。

金句

人生短短幾個秋

／ 為「人生短短幾個秋」接下一句話，那就是
「理財一定要趁早」。

／ 每等待一年，就少了一年為退休準備的時
間，恐怕會對理財愈來愈焦慮。

「人生短短幾個秋」不是我寫下的句子，但這句被2018年台北市長候選人吳萼洋唱紅的歌詞，卻是我這幾年最受啟發的一句話。

我每次演講完，總有些聽眾會拿著我的書來給我簽名。以下我要分享其中兩個和「等待」有關的真實故事。

有一次，我到某國立大學演講。有一個約莫五十歲的婦女，拿著我2012年底出的第一本書《只買一支股，勝過18%》來給我簽名。我一開始訝異她居然也是大學生，後來她才說：「是我兒子找我來聽的。我從老師的第一本書就開始看了。」

我邊簽邊說：「謝謝。妳如果照著這本書做的話，現在應該賺不少了吧？」她說：「當時我覺得指數7,000點好高，0050要50幾元，也好貴，所以沒買。結果從兒子念國三到現在大一，都還沒買。現在萬點了，還可以買嗎？」

這就是「一直等待」的下場。她整整錯過了五年，不知她現在是否還在等待？

另一次，是在某公家單位演講，拿給我簽的是我2019年出版的《零基礎的佛系理財術》，距當時只有一年。他說：「老師，你是我的貴人。以前我買股票賠了幾十萬元，看了你的書，真的很安心，也真的有賺到錢。」

這就是「沒有等待」的結果。2019年，台股大漲超過2,200點，多數人或許都在等大跌才要進場，但他完全沒有等，所以才賺得到錢。

我要為「人生短短幾個秋」接下一句話，那就是「理財一定要趁早」。

很多人等7,000點，等了好多年。千萬不要以為你年輕，時間多得是，浪費幾年沒關係。現在AI人工智慧這麼發達，很多事務都透過網路，或自動化完成，年輕人還能工作的時間可能愈來愈少，怎麼能說時間還很多呢？

你如果現在四十歲，卻沒有做任何投資理財的準備，其實是最危險的，因為你真的不知道什麼時候就會突然失去了工作？

你如果現在六十歲，時間當然是愈來愈少，更沒有時間浪費在等待上，或許有生之年都看不到7,000點了！

因為你每等待一年，就少了一年為退休準備的時間，然後隔年你就必須更積極投資賺錢，這樣風險當然就會變大。如果你等待兩年，準備的時間就少兩年，如果你等待五年，準備的時間就少五年，長此下去，恐怕會對理財愈來愈焦慮。

全世界的中央銀行都在競相降低利率，錢只好被逼出銀行體系，能去哪裡呢？當然是流到股票市場了，所以真的不要妄想台股跌破萬點再進場了。跌破萬點當然會發生，屆時應該「繼續」買進，而不是屆時才「開始」買進，因為如果等很多年都等不到，怎麼辦呢？

人生真的短短幾個秋啊！

金句

小資男女沒有資格賠錢

/ 「錢很少的人」千萬不要隨隨便便因為投資
（或投機）就把錢賠光光。

/ 如果你以為買股票就不是投機行為，這可
是一個大錯特錯的觀念。

德國投機大師科斯托蘭尼（André Kostolany）曾說過一段經典名言：「有錢的人可以投機，錢少的人不可以投機，沒錢的人一定要投機。」很多小資男女都期望能夠早日財務自由，也都認定自己是「沒錢的人」，再加上受到許多衍生性金融商品用「以小搏大」為訴求的誘惑，就開始從事風險很高的投機行為，這是非常危險的。

　　以曾因2020年的新冠肺炎而重創的油價為例，當時有一個年輕人用0.025美元買了十口小輕原油期貨，他以為風險就只有0.025美元，絕對是一筆超划算的投機交易。沒想到期貨價格居然出現負值，而且收盤價更是誇張的-37.63美元，結果他居然一夜就慘賠了550萬元。

　　小資男女平日省吃儉用，好不容易存下一點點的錢，所以絕對不是「沒錢的人」，而是「錢很少的人」。這時千萬不要隨隨便便因為投資（或投機）就把錢賠光光。

　　這時，我希望大家該聽的是股神巴菲特的話。

巴菲特曾說過，他有兩大投資準則：第一條是「不要賠錢」，第二條是「不要忘記第一條」。這不是廢話嗎？而且真的有可能永遠不賠錢嗎？買股票，和期貨不一樣，它不是零和遊戲。買股票，可以大家都賺錢，但期貨一定是有人賺就有人賠。舉例來說，如果大家都買台塑，然後大家都不賣，每年領股息，這樣每一個人都能賺到錢。

如果你因為急需用錢，非賣台塑不可，因為股價會波動，就有可能賠錢，否則永遠不賣，真的不會賠錢。

如果你有機會買到和台塑體質一樣好的其他石化公司，如奇美實業和長春石化，因為沒上市，不易處分，只好傻傻每年領股息，就真的不會賠錢。

台股中類似台塑的績優股，至少有幾十家，並不是很難挑。

如果你因此以為買股票就不是投機行為，這可是一個大錯特錯的觀念。很多公司經營能力和財務體質都很薄弱，買它的股票只想賺價差，這也是另一種「投機」行為，只是自以為是「投資」行為罷了。

絕大部分買股票的人都只想賺價差，因為有可能一天漲停板，就賺10%，如果當天從跌停板拉到漲停板，還有可能賺20%呢！但是，如果這家公司連年虧損，且財務體質薄弱，就算短期有漲，但長期必然會反應基本面，甚至最終還有可能下市，屆時所有投下去的錢就會瞬間成為泡影。這種股票萬一套牢，可能再也沒有解套的一天了。如果這不是投機，什麼才是投機？

小資男女一旦賠錢，很可能會希望盡快把它賺回來。賠錢之後，你的資金當然變更少，所以你必須要更投機，結果賠錢的機會就更大。這就是一個「惡性循環」，所以我才經常苦口婆心地勸小資男女：「你們連賠錢的資格都沒有！」

金句

要做大象，不要做獵豹

／ 我認為投資應該像大象，不求迅速致富，
　但求安全穩當。

／ 平淡賺得到錢，刺激卻不一定賺得到錢，
　所以平淡真的不好嗎？

《大象席地而坐》是2018年金馬獎最佳影片，也是我非常喜歡的一部中國電影。這部電影和理財完全無關，但我卻從中得到了理財的啟發。

大象身形巨大，不易撼動。雖然動作緩慢，但腳步穩健。我認為投資應該像大象，不求迅速致富，但求安全穩當，所以該買的是績優股、領股息。買0050或0056更像大象，因為它們做到風險完全分散，因此更不容易受到個股利空的大幅影響。

大多數投資人卻認為大象笨重、走不動、跑不快，都希望像草原上的獵豹。一旦看到獵物，迅速撲上，飽餐一頓。不管個股體質，只想賺價差，不就像獵豹一樣嗎？但是別忘了，獵豹也有可能碰到更兇猛的獅子、老虎，屆時當然也有可能被吃掉，這就像投資人常常被主力作手「養、套、殺」，最後慘賠收場。

大象的生活平淡，獵豹的生活刺激，看來做獵豹，才是人生該追求的目標，但平淡賺得到

錢，刺激卻不一定賺得到錢，所以平淡真的不好嗎？別忘了，大象平均壽命七十歲，獵豹只有十五歲，所以你該希望是一頭大象？還是一頭獵豹呢？

《大象席地而坐》在台灣票房不佳，或許大部分人都沒看過，無法體會我上面所寫，那麼我用另兩部票房很高的老片《捍衛戰士》和《航站情緣》來說明。

《捍衛戰士》是湯姆克魯斯年輕時的代表作。他飾演戰鬥機飛行員，技巧超群，瞬間飛高，再俯衝殺敵，多麼令人神往。大多數的投資人都希望像他，透過高超的「選股」技巧，買到每天漲停板的飆股，幾天之內就賺大錢，逢高賣出後，就看到股價狂瀉，怎一個「爽」字了得？

別忘了，戰鬥機飛行員是風險最高的行業之一，你想學他們，是不是太高估了自己的能力？

《航站情緣》講的是湯姆漢克斯飾演的東歐某

國旅客，在搭機飛往美國的途中，國家突然滅亡，害他無法入境美國，被迫困在機場的故事。湯姆漢克斯搭著別人開的飛機，安安穩穩抵達目的地，是不是很像和大盤高度連動的0050或0056？每天股價波動不大，不夠刺激，卻很平穩。

後來他被困在機場，但生活無虞，有吃有喝，可以洗澡，也可以好好睡覺。這就好像你買的0050或0056萬一被套牢時，每年都還有股息可領，然後絕對不可能下市，當然就可以好好吃飯、好好睡覺，一點都不會感到焦慮。

我相信，應該沒有人不會搭飛機吧？買0050或0056，無腦就可買，任何人都做得到。

請捫心自問，自己開戰鬥機活得久？還是搭飛機活得久？前者像獵豹，後者像大象。這個問題的答案太明顯了吧？

輯四

好好工作，傻傻存錢
然後就買 0056

金句

好好工作，傻傻存錢

然後就買 0056

／ 我對年輕人理財建議只有十六個字……。

／ 0056是很好的存股標的，它做到了風險完
全分散的效果。

我每次演講都跟台下的年輕人說，我對他們的理財建議只有十六個字，希望他們拿筆抄下來，然後我一次只唸四個字，免得他們來不及抄。

　　每次我唸完前四個字「好好工作」，全場不是一陣竊笑，就是一陣爆笑，從來沒有例外。很多人停下筆，懷疑地看著我，好像他們聽錯了。我相信他們心中一定在想：「今天來聽你演講，就是希望學到實用的投資技巧，以後就不用再上班了，結果你卻叫我們『好好工作』？」

　　我完全能了解大家的心情，所以接著說：「工作還是非常重要，因為薪水是生活的根本，這樣你才會有承受風險的能力。工作是正餐，理財是副餐，千萬別以為只吃副餐就夠了。」

　　再四個字是「傻傻存錢」。講到這一句，大家應該都能接受。因為我的前四個字非常保守，再接下來的四個字也很保守，當然就不奇怪了。

偶爾有人會直接問我:「老師不是要大家不要去銀行存定存嗎?為什麼又要大家存錢?」

我說:「不要存定存,但要存活存。」

這時,質疑聲就多了:「活存利息不是更少?」

我說:「誰在乎利息了?我是說傻傻存錢後,一旦出現投資機會時,才有錢進場啊!」大家這才恍然大悟。

再四個字,沒有意義,只是一個連接詞「然後就買」。講完,我故意停頓,等大家的答案。

大家雖不是異口同聲,但也算異中有同、同中有異。有人接「0050」,有人接「0056」。

我最後宣布我的答案:「0056」。

為什麼是0056?

0056因為股價便宜,波動性更小,所以買來

可以更安心，所以更能「好好工作」。0050雖然比0056更好，但股價大約是0056的三倍，波動比較大，心理壓力或許會比較大。

此外，0056的股息殖利率近幾年都接近、甚至超過6%，是非常好的存股標的，比存個股還要安全，因為它做到了風險完全分散的效果。股息殖利率6%，是定存利率的六倍以上，也完全打敗通貨膨脹率，更能鼓勵年輕人投資。0050的股息殖利率大約在4%左右，雖然也打敗定存利率，但和通貨膨脹率相比，並沒有贏很多。

不過，如果你要「然後就買『0050』」，當然也可以。

講到這裡，我要大家跟著我再唸一遍：「好好工作，傻傻存錢，然後就買……」最後四個字，就隨大家唸了，有人唸0050，有人則唸0056，自在安心就好。

29

金句

隨時都可買，買了忘記它

/ 「隨時」的意思就是「有存到足夠的錢，就可以買一張」。

/ 真正能在0056身上賺「大」錢的人，都是「買了忘記它」的人。

「什麼時候買0056呢？」這當然是所有聽眾，或是目前正在閱讀的讀者最想知道的答案。

答案非常簡單：「隨時都可買，買了忘記它。」

一聽（看）到這十個字，我認為當場絕對不會有人相信。

如果演講時間正是台股交易中，我會問大家：「此刻算是『隨時』嗎？當然是，所以各位現在就可以買0056了！」

如果演講時間已經是台股收盤後，我會問大家：「明天九點開盤時，算是『隨時』嗎？當然是，所以各位明天一開盤就可以買0056了！」

2020年3月11日上午，我在某公營事業演講。講到這十個字時，我請聽眾幫我查當時0056的市價。有一個人很快在手機上查到，大聲說：「26.95元。」我愣了一下，因為0056已經很久沒有看到27元以下了，所以我居然說：「可以暫停

一下嗎？我想下單。」在全場爆笑中，我真的就站在講台上下單。

當時買的26.95元是最低價嗎？並不是。八天後的3月19日，0056跌到最低價21.45元，我並沒有買。不過，我從26元、25元，一路往下買到22元。

當時買的26.95元是最高價嗎？也不是。2020年8月19日，曾一度看到歷史最高價31.11元。

「隨時」的意思就是「有存到足夠的錢，就可以買一張」。持久買下去，不可能都買在最高價，也不可能都買在最低價，而會是一個長期平均成本。這和「定期定額」的投資方法很像，你或許就直接在券商申請0056的定期定額投資也可以，就不必再擔心「真的可以『隨時』嗎」的煩惱。

在我的臉書粉絲專頁「樂活分享人生」上，被問到最多次的問題就是「0056現在這麼高點，還

可以買嗎？」有趣的是，不管0056的股價事後來看是高是低，大多數人在當時都還是會說「現在太高了」。

很多人一直很糾結，所以一直都不敢買，結果就一直問「現在還可以買嗎？」最後就永遠不會買。

很多人做得到「隨時都可買」，但卻很少人做得到「買了忘記它」。因為看到股價漲上去，就想賣掉賺價差。不過，常常賣掉就一直漲上去，再也買不回來。唯一能買到低價的機會是2020年新冠肺炎引起的股市重挫時，但大家太恐慌，又不敢買了。

真正能在0056身上賺「大」錢的人，都是「買了忘記它」的人。

有一個網友曾留言給我，完全掌握到我這十個字的精髓。他是這樣寫的：

「我從29元，為了領股利，看了施老師的文章，0056買了就忘記它。在除息前，不管股價，就開始買0056，這幾個月剛好有買到比較低價位的。現在均價在27元，不像有人可以買到21點多。我不是不敢往下買了，而是本來就是存好幾個月才買一張。等存到了，股價又回來了。我每個月慢慢存，只要當天開盤夠錢買就買下去了。我只記得0056無腦買下去，想著可以領股息，就瘋狂累計張數。」

你還是不敢「隨時都可買」，或是不放心「買了忘記它」，就把上面這段話背下來，每天唸五遍、唸十遍吧！

金句

投資永遠不要講「早知道」

要講「好在」

／ 讓自己敢買的方法，就是建立「好在」的心理。

／ 買第一張 0056，把它當門票、關心它，以後
看到它跌了，才敢繼續買。

要聽眾立刻接受「隨時都可買」的想法，是很困難的，因為我每次問：「明天會買的人，請舉手。」如果當場有兩個人舉手，就算是很給我面子了。

　　這時，我就會說：「投資永遠不要講『早知道』，而要講『好在』。很多人錯過在低價時買進，事後常常後悔說『早知道當時就該買了』，但這根本於事無補。」

　　我接著說：「假設你明天真的買了一張0056，買的價位在29元。後天如果漲到29.2元，你一定會在心裡說：『好在有聽施老師的話』。」

　　這時，有些聽眾會問說：「又不是一定會漲，如果跌到28.8元呢？」

　　我笑著回答大家：「好在……」然後故意停頓一下，再把它說完：「好在只買一張。」全場這時才恍然大悟。

我說：「不管當時價格多少，一般人都會怕買貴了，所以不敢立刻買。讓自己敢買的方法，就是建立『好在』的心理。」

你買的第一張0056，就把它當門票，然後你才會關心它，以後看到它跌了，你才敢繼續買。很多人總是在心中訂下一個願意買的價格，通常都比市價低好幾元。真的跌到心中的那個價格時，大多數人還是不敢買，然後就永遠不敢買。

以2020年為例，0056從最低價21.45元，花了五個月，漲到最高價31.11元，很多網友最焦慮的是要「買了忘記它」？還是「賣掉它，賺價差」？結果有一個網友搞笑說：「我手上零張，不用煩惱。」我想他就是一個永遠不會買的人了，有五個月的時間可以買，他居然都沒買！一張都沒買！

我又用「停車」來做比喻。若以車代步的朋友應該常有開車去餐廳吃飯的經驗，如果沒有附設

停車場，會期待餐廳門口正好有一個空位嗎？應該不會吧？當你開車到附近，看到路邊有空車位，算算走到餐廳要五分鐘，應該會停吧？把車停好，就可以放心走去吃飯了。這就好像用當時的「市價」買0056，這樣至少可以領到當年的股息，賺到大約6%的股息殖利率。

如果你不甘願，非要去餐廳門口停不可，那就是想用「願意買的價格」買0056。結果餐廳門口沒有空位，也就是沒等到「願意買的價格」，所以沒買。這時，只好再去找停車位。那個只要走五分鐘到餐廳的停車位被別人停走了，你只好停到更遠的地方，也就是要用「比市價更高」的價格才能買到了。如果你不肯用更高的價格買，你就領不到當年的股息，就好像你還要繼續找車位，說不定連飯都吃不到了。

你是要懊悔說「『早知道』就停在那個不遠的車位了」？還是要說「『好在』停在那個不遠的停車位了」？

金句

差 2、3 元，有差嗎？

／ 0056因為價格波動很小，股息殖利率的變
　動也就不大。

／ 不管怎樣，股息殖利率都打敗銀行定存利
　率和通貨膨脹率。

我一直說投資要「無腦」，但有些事只要有一點常識，很自然就會「用腦」了。例如我之前不斷強調的股息殖利率，就讓「有腦」的人產生了盲點。

股息殖利率的算法，是用「股息」去除以「股價」。例如你用50元買了某支股票，它配了2元股息給你，股息殖利率就是4%。

假設股息（2元）不變，你若買在20元，股息殖利率就變成10%，所以股價愈低，股息殖利率就愈高。同樣的股息，你若買在100元，股息殖利率就變成2%，所以股價愈高，股息殖利率就愈低。

股價如果波動很大，股息殖利率就有可能低到2%，或高到10%，所以你買的股價愈低，當然就愈好。

因為大家都懂這個道理，所以很多人買0056，當然希望買的股價愈低愈好，這樣股息殖利率就

會更高。

　　0056近幾年的股價區間主要落在24～29元之間，偶爾會看到22元以下，或看到接近30元。我以它2019年配息1.8元來計算不同價格的股息殖利率如下：

股價	22元	23元	24元	25元	26元	27元	28元	29元	30元
股息殖利率	8.2%	7.8%	7.5%	7.2%	6.9%	6.7%	6.4%	6.2%	6.0%

　　股價從最低22元到最高30元，股息殖利率從最高8.2%到最低6.0%，差距只有2.2%，你覺得很多嗎？而且不管怎樣，股息殖利率都打敗銀行定存利率和通貨膨脹率。

　　0056因為價格波動很小，它不會像我前面所舉的例子，股價從20元到100元那樣劇烈，所以0056的股息殖利率的變動也就不大。

0056在2020年3月，曾跌到22元以下。上一次來到22元以下，已經是2016年5月的事。2016年除息前，最高是25.35元，就算你買在這個價位，從2016到2019年，你總共領了5.5元了，等於持股成本降到19.85元（25.35-5.5=19.85），比你等到2020年3月用最低價21.45元買到還划算，不是嗎？

　　萬一沒有新冠肺炎，你要等22元以下，或許會等更久。這段等待期間，是不會有股息收入的，而且你很可能去買個股，結果更容易賠錢。

　　從2020年3月之後，要再等多久才會再看到22元以下？我不知道。

　　有句諺語說得很有道理：「一鳥在手，勝過百鳥在林。」我沒這個能力說出這句哲言，我只會說：

　　差2、3元，有差嗎？

金句

出來混，遲早要還的

／ K＜20就可以視爲「相對低點」了，這時就
可以較爲安心地進場。

／ 用此法便不會買在高價區，也不必猜測特
定價位，因爲它或許根本不會來。

香港警匪片《無間道》系列是我非常喜歡的華語電影之一。在第二集有句經典台詞：「出來混，遲早要還的。」令我印象非常深刻，而且認為它一樣可以適用在投資理財上。

我先來解釋「出來混」這三個字。在現代這個低利的環境中，只做到「不賠錢」已經不夠了，大家一定要以「賺錢」為追求的目標。要賺錢，就一定要進場買股票，這就是「出來混」。

如果以為所有的股票都能買，這種混法的下場一定很慘。你真的不知道該怎麼選股，就買這本書中一直提到的0050或0056。

什麼時候可以出來混？我對0056買進時機的建議是「隨時」，但0050可就不能這樣了。0050的股價是0056的三倍，相對偏高，波動也較大，若要大家仍隨時都可買，或許很多人承受不起股價的下跌空間，所以還是希望能買在相對低點。

有什麼指標可以指出「相對低點」的位置？有

很多技術指標都能做到這一點，但我只想介紹其中最簡單的「隨機指標」，又稱KD指標。我不想做學理的介紹，只想教大家怎麼用，而且我認為只看大盤的K就夠了。大盤不會被人為操控，所以它的技術指標比較具參考性，而0050與大盤高度連動，所以可以用大盤的K來做為0050買進的參考。

K永遠在0～100之間，愈接近0，代表指數愈低，0050的股價也愈低，但不能苦苦等到K幾乎趨近於0才進場，或許一年中根本看不到，所以我認為K＜20就可以視為「相對低點」了，這時就可以較為安心地進場。

K因為計算的週期不同，有很多種，從最短的5分K、10分K……一直到日K、週K、月K。我習慣看日K，一年大約有三到五次會看到日K＜20，所以不用天天看，還是可以安心過日子。

「相對」低點當然不會是「絕對」低點，因為不可能有人能神準預測最低點在哪裡。用這個方

法，你應該不會買在高價區，而且也不必猜測一個特定價位，因為它或許根本不會來。很多人都說0050的合理價位是50元，但從2013年之後就再也沒看過了。從2013年之後，大盤當然有幾次來到相對低點，用這個方法就比較容易掌握。

再來解釋「遲早要還的」這五個字。看到日K＜20，就進場買股票，並不能100%保證它就一定會開始漲，當然也有可能繼續跌。萬一從此「跌跌不休」，像1990年一年之間，從12,682點跌到2,485點，就會讓你嚴重套牢。

這種大跌行情當然不會一路跌，總有反彈的時候，但或許都回不到當初買進時的「相對低點」，這不就是「遲早要還的」嗎？不過就算如此，0050每年都有配息，又不可能下市，所以完全不必擔心。

最後，一定要提醒大家的是「出來混，遲早要還的」這八個字，只適用0050或0056喔！

金句

套好套滿，下好離手

／ 「套好套滿，下好離手」的準備前，先要把
　生活緊急預備金留下。

／ 這八個字，只適用 0050 和 0056……。

2020年7月，我受邀上一個直播節目，主持人在第一道題目就問：「你在新冠肺炎造成股市重挫期間，有什麼最值得驕傲的事？」我不假思索就分享了一個小故事。

該年3月19日，台股重挫到8,523點，我在隔天受邀上TVBS的盤中直播節目「財經大白話」。直播當場，我跟全國觀眾說：「我已經套好套滿、下好離手了。」當時我不可能知道未來的行情是V型大反彈，我只是認為在當時套牢在0050和0056上面，我一點都不擔心。

主持人很訝異我怎麼在還不確定股市是否已經止跌前，就敢在電視上直接說出如此狂語？

我回答：「從幾天前就陸續開始買，並在昨天把錢都『梭哈』了。為什麼我敢『套好套滿』？因為如果0050和0056在今年的配息跟去年一樣，換算成每個月的收入，我大概會有7、8萬元的進帳，對一個已經退休的人來說，已經足夠過每個月的生活了，所以我就決定『下好離手』。」

大部分的投資人在股市想的都是「賺價差」，所以當然很在乎買進的價格，也很怕套牢，結果常常就錯過了低價買進的時機。如果我們先想好「萬一套牢」的情形，然後算好能領多少股息，不就不會太在意一定要買在低點了嗎？

　　我之所以不再害怕套牢，是因為我在2015年曾經套牢三百張0050。當時買到家裡只剩10萬元，只好跟太太說：「我以後每個月賣一張，假設賣在50元就好，這樣就有5萬元進帳，應該夠我們生活了吧？」當時我們該買的保險都買了，房子是自有且早就繳清房貸，三個子女都已成年在工作，所以一個月有5萬元，真的足以應付日常開銷。

　　一個月賣一張，一年可以賣十二張，三百張夠我賣二十五年。我就不相信二十五年還不會讓我解套！

　　太太說：「這叫『坐吃山空』啊！」我說：「妳別忘了，0050每年都有配息。這些股息可以把它

存起來，怎麼會是『坐吃山空』呢？」

　　當年每股配2元股息，我就拿到了60萬元。假設每年配息金額一樣，我算出來真的二十五年賣完後，還可以有760萬元。太太看完我的計算後，這才不再擔心。

　　這次經驗讓我再也不怕套牢，同時也給了我一個寶貴的教訓，那就是在做好「套好套滿，下好離手」的準備前，先要把生活緊急預備金留下，絕不可以再像2015年一樣買到家裡只剩10萬元。

　　我對「生活緊急預備金」的建議是，如果你單身，請至少要預留三個月的生活費；已婚但沒有小孩，預留六個月；已婚有小孩，預留一年；退休不再有固定收入時，預留兩年比較安全。

　　最後，我要提醒兩點：一是「套好套滿，下好離手」這八個字，只適用0050和0056；二是年輕人買0056就好，因為股價便宜，萬一套牢，比較承受得起。

金句

投資無聊，人生才有聊

／ 讓投資變得很簡單，不用焦慮，就可以很安
心地去生活或實現夢想。

／ 雖然無聊，但能賺到錢，就算無聊又何妨？

有一次演講完，台下有個聽眾突然脫口而出：「買0050和0056好無聊喔！」全場有人大笑、有人鼓掌，好不熱鬧。

我正經八百地做了個結論：「買這兩支最大的缺點真的就是『無聊』，但投資『無聊』，人生才『有聊』啊！」

讓投資變得很簡單，而且一定賺得到錢，你就不會感到焦慮，就可以很安心地去認真工作、去照顧家人、去從事有興趣的事，或者去實現你的夢想。

如果投資很刺激，你的心一定整天都掛念在這件事上，工作就不容易做好，家庭關係也無法好好經營，甚至興趣和夢想都會離你愈來愈遠。追求刺激的投資過程，能確定賺到錢嗎？如果不能，又何必如此呢？

還記得我之前提過的電影《捍衛戰士》嗎？你也想要做個戰鬥機飛行員嗎？雖然很刺激，但

隨時有生命的危險，不是嗎？

像《航站情緣》裡的男主角搭客機就好了。搭機過程雖然無聊（其實還可以看電影啊！）但幾乎保證你可以平安抵達。

我這幾年不斷分享的簡單投資方法，雖然報酬率絕對比不上很多其他的投資達人，但我最開心的事，是讓以下兩種人終於敢買股票了：

一、從來都不敢買股票的人。這些人認為股票投資太難了，風險又很大，也聽到太多親友玩股票賠錢的故事，從此就對股票敬而遠之。看了我的書、文章、受訪的影片，或是聽了我的演講，才知道買股票賺錢其實一點都不難，而且這些人也沒有時間去研究，所以「投資可以很無聊」對他們反而充滿吸引力。

二、以往在股市賠很多錢的人。這些人愛選個股、愛賺價差，明知應該「買低賣高」，但每次進場都「追高殺低」，所以總是賺少賠多，最

後就絕望離場，甚至發誓不再碰股票。他們從我這裡才知道原來買股票也可以「領股息」，也可以「不選股」，雖然無聊，但能賺到錢，就算無聊又何妨？

因為我的方法很無聊，所以很多網友說我「始終如一」，我甚至覺得這是對我最大的讚美。此外，很多節目主持人也跟我說，訪問我「毫無懸念」，也完全知道我接下來會回答什麼。

其他投資達人不好意思每次都講同樣的內容，所以必須懂很多，結果就是常常變來變去，讓大家又覺得投資變困難了，這樣其實反而會讓大家對股票再次開始卻步。

如果你是每天若不進出股票，就會渾身不自在，然後整天不知做什麼的人，就別學我這麼無聊的方法；如果你是每天恨不得有超過二十四個小時，要做的事太多太多的人，就讓投資愈無聊愈好吧！

金句

花掉，才是真正擁有它

／ 不要把「所有」的獲利統統再投入，免得萬
　一碰到股災，都只是「紙上富貴」。

／ 投資理財的目的不是要「迅速致富」，而是
　拿來「提升生活品質」。

很多人對投資理財可以致富的想像，來自於被愛因斯坦認為比原子彈威力還大的「複利效果」。假設你投資100萬元，每年報酬率10%，然後將每年的獲利再投入，二十年後，這100萬元就變成672萬元了。

千萬不要以為它是每年賺10萬元，二十年賺200萬元，最後變成300萬元而已，因為是複利，所以第一年賺10萬元，你的本金就變成110萬元，所以第二年是賺11萬元，第三年是賺12.1萬元，依此類推，到二十年後，本金加獲利就變成672萬元了。

複利效果有兩個假設，一是年數（舉例二十年），二是每年報酬率（舉例10%），但是你能確定二十年中間都不會碰到會讓你賠錢的股災嗎？還有，你確定每年報酬率都有10%嗎？

只要有一年賠錢，甚至賠20%，你之後就要賺更多，才能讓你的每年平均報酬率維持10%，這個難度會變得非常高。例如從100萬元跌到80萬

元，是跌20%，但要從80萬元漲回到100萬元，就要漲25%啊！這只是回到本金喔，如果還要回到報酬率10%，也就是110萬元，可就要賺37.5%了，這就很困難了吧？！

我當然相信有複利效果的存在，但我建議大家不要對「長期的」複利效果存在太多的想像。換句話說，該把每年的獲利拿「一部分」出來花掉，而不要把「所有」的獲利統統再投入，免得萬一碰到股災，之前所有賺的都只是「紙上富貴」一場。

把投資賺來的錢拿去「花掉」，才是真正「擁有」它。

以0056為例，我希望大家別賺價差，領股息就好，這時就把一部分股息拿去買你一直想買的東西。投資理財的目的不是要「迅速致富」，而是拿來「提升生活品質」。賺了錢不花，那麼賺錢要做什麼？你真的想等到二十年後累積到672

萬元才花嗎？萬一你活不到二十年後，也不一定賺到那麼多的話，該怎麼辦呢？所以該花的時候，就花吧！

0050呢？我是以賺價差為目標。前面曾提過日K＜20的時候該買進，那麼何時該賣出呢？看到日K＞80的時候，就可以考慮獲利了結。日K＞80，就是一個「相對高點」，一般狀況下，都是有獲利的。萬一此時0050的股價比你當初買的價格還低，也就是說你處在套牢狀態，我建議不用停損，就領股息吧！再強調一次，套在指數上的解套機會，一定比絕大多數的個股高。

這時，也有另一派專家的看法是應該長期持有0050，報酬率會更高，但我認為在台股站上萬點後，適度落袋為安，比較符合人性，特別是對現在才看到這本書的讀者而言，要你在台股高點進場，又要你長期持有，我相信一般人很難絕對安心。適度落袋為安，為的還是「把投資賺來的錢拿去花掉，才是真正擁有它」。

金句

你未來買得起房

現在才可以租房

／ 如果不要去買地點非常好的房子，其實相對
　買得起。

／ 當沒有人願意租房子給你時，你能夠買得
　起房，你現在才有資格租房子。

對於我那套無腦、佛系的股票投資術，幾乎所有人都能認同，但每次我建議年輕人該買房子，支持我這個看法的人，大概就剩不到一半了。歸納大家反對的原因不外兩個，一是「薪水這麼低，房價那麼高，怎麼買得起？」，二是「不要當屋奴，才能享受人生」。

薪水低、房價高，當然是事實，但如果你不要去買地點非常好的房子，其實相對買得起。以大台北地區為例，我都建議年輕人直接放棄「台北市」的房子，因為在「新北市」，一般人都還是有機會買到沒電梯、沒停車位、離捷運站稍遠的房子。

如果你未來每個月付的房貸，約略等於你現在居住相同坪數所付的租金，就沒有理由不買啊！唯一要煩惱的是兩成的頭期款，但你現在不是正在學這套最安全穩當的投資理財方法嗎？只要照著做，怎麼可能存不到頭期款？

現在銀行貸款條件比我三十年前買房時要友

善多了。三十年前，房價當然比現在低很多，但我們只能貸到五成，利率超過10%。現在呢？貸款八成，利率1.5%，是不是相對輕鬆了？買房之後，我認為不要提早還銀行貸款，因為很多股票的股息殖利率都至少有5%，不就是在提供你一個現成的套利機會嗎？

不買房，就不是「房屋」的奴隸，但變成「房東」的奴隸。因為不用存可能需要百萬元的頭期款，就可以常吃美食、常出國、常買精品，當然在「年輕」時，可以有比較好的生活品質。但是，到了「年老」時，當你不再有固定收入時，每個月都必須賺到至少夠付房租的錢，就不一定能維持以往那種生活品質了。

大部分的房東都不願意租給老年人，萬一你被趕出來時，你屆時買得起一間能夠遮風避雨的房子嗎？如果連一間自有的房子都沒有，豈能稱得上「財富自由」？

很多年輕人不買房，是因為他們可以繼承父母的房子。如果你也有同樣的條件，我當然該恭喜你，但也要提醒你，現代的父母可能會非常長壽，等你能繼承時，可能你也很老了。

如果你有把握當沒有人願意租房子給你時，你能夠買得起房，你現在才有資格租房子。如果屆時沒把握能買房，請你現在要努力買一間房。香港首富李嘉誠曾說過：「人不會苦一輩子，但總會苦一陣子；許多人為了逃避苦一陣子，卻苦了一輩子。」

年輕人，真的不要太早放棄買房的夢想！

減法理財術，人生大加分
—— 樂活大叔最暖心法總整理

作者	施昇輝
插畫	黃明惠
整體設計	吳佳璘
人像攝影	林煜幃
責任編輯	施彥如

國家圖書館出版品預行編目(CIP)資料

減法理財術，人生大加分
——樂活大叔最暖心法總整理／ 施昇輝著
—初版 .— 臺北市：有鹿文化, 2020.11
面；公分 .—（看世界的方法；183）
ISBN：978-986-98871-9-9
1. 股票投資　2. 理財

563.53　　　　　　　　　　109013380

董事長	林明燕
副董事長	林良珀
藝術總監	黃寶萍
執行顧問	謝恩仁
社長	許悔之
總編輯	林煜幃
主編	施彥如
美術編輯	吳佳璘
企劃編輯	魏于婷
行政助理	陳芃妤

策略顧問	黃惠美 · 郭旭原 · 郭思敏 · 郭孟君
顧問	林子敬 · 謝恩仁 · 林志隆
法律顧問	國際通商法律事務所／邵瓊慧律師

出版	有鹿文化事業有限公司
地址	台北市大安區信義路三段106號10樓之4
電話	02-2700-8388
傳真	02-2700-8178
網址	www.uniqueroute.com
電子信箱	service@uniqueroute.com
製版印刷	鴻霖印刷傳媒股份有限公司
總經銷	紅螞蟻圖書有限公司
地址	台北市內湖區舊宗路二段121巷19號
電話	02-2795-3656
傳真	02-2795-4100
網址	www.e-redant.com

ISBN：978-986-98871-9-9
初版：2020年10月29日　　　初版第七次印行：2021年12月30日

定價：350元